筮仕无中秩，归耕有外臣。人歌小岁酒，花舞大唐春。
草色迷三径，风光动四邻。愿得长如此，年年物候新。

——［唐］卢照邻《元日述怀》

花舞大唐春

解读何家村遗宝

齐东方 著

上海古籍出版社

图书在版编目（CIP）数据

花舞大唐春：解读何家村遗宝 / 齐东方著．—上海：上海古籍出版社，2022.10

ISBN 978-7-5732-0397-7

Ⅰ．①花…　Ⅱ．①齐…　Ⅲ．①窖藏（考古）—历史文物—研究—西安—唐代　Ⅳ．①K872.411.4

中国版本图书馆CIP数据核字（2022）第139319号

花舞大唐春

解读何家村遗宝

齐东方　著

上海古籍出版社出版发行

（上海市闵行区号景路159弄1-5号A座5F　邮政编码201101）

（1）网址：www.guji.com.cn

（2）E-mail：guji1@guji.com.cn

（3）易文网网址：www.ewen.co

上海丽佳制版印刷有限公司印刷

开本710×1000　1/16　印张17.25　插页6　字数217,000

2022年10月第1版　2022年10月第1次印刷

印数：1—3,300

ISBN 978-7-5732-0397-7

K·3231　定价：118.00元

如有质量问题，请与承印公司联系

目 录

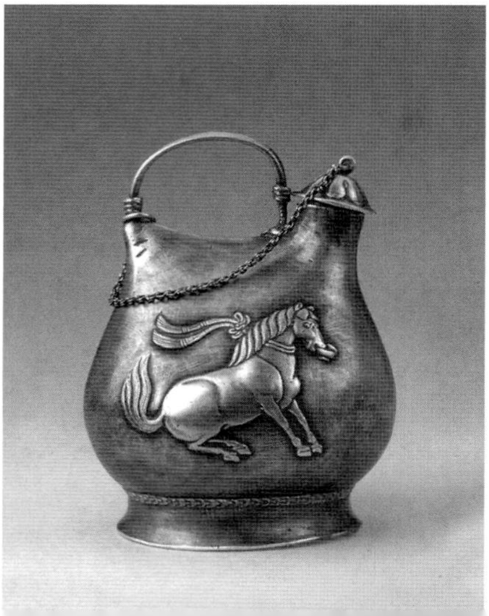

壹 开篇

1970年10月发现的何家村遗宝，没有随着时间的流逝被淡忘，反而以独有的魅力，谜一样地吸引学界不断地探索、破解。

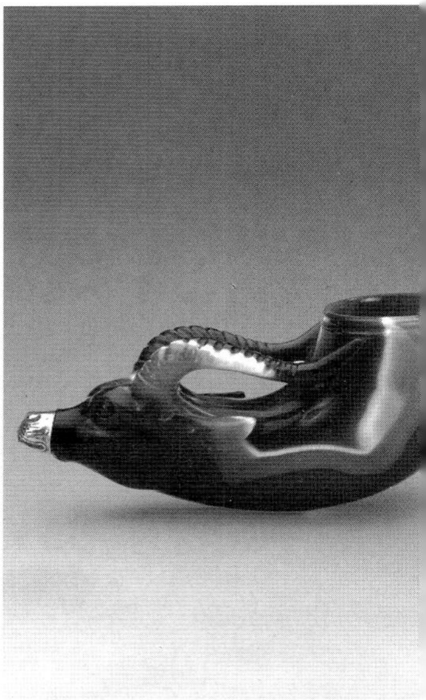

1 发现

疑问之序
偶然的发现
价值何在？

如果说起一百年来唐代重大考古发现，一定会包括何家村遗宝。

如果问起，通过什么文物可以认识大唐盛世？一定会回答何家村遗宝。

疑问之序

何家村遗宝的主人是谁？精美的器物来自哪里？何时被埋入地下？为什么要埋入地下？

如果说起一百年来唐代重大考古发现，一定会包括何家村遗宝。

如果问起，通过什么文物可以认识大唐盛世？

一定会回答何家村遗宝。

1970年10月发现的何家村遗宝，没有随着时间的流逝被淡忘，反而以独有的魅力，谜一样地吸引学界不断地探索、破解，同时也得到了越来越多的人们的关注。

历史时空斗转星移，物是人非。何家村遗宝的主人是谁？精美的器物来自哪里？何时被埋入地下？为什么要埋入地下？那些器物的历史价值和意义是什么？……一连串的问题仍旧困扰着学界，一个个尝试解读也接踵而来。然而，目不暇接的观点，引起的困惑，比答案更多。

但是，无论学术观点如何，人们一致认为，何家村遗宝不仅仅精美绝伦、价值连城。古代多彩世界中，快乐的生活、惊奇的发明、精妙的艺术、森严的等级、文化的融合，等等，都在这批遗宝中得到淋漓的反映，它们阐述了唐代乐观开放、积极进取、兼容并蓄、博大精深的物质文明和精神文明。

当最初，人们真切地看到那些巧夺天工的文物时，像是透过美丽面纱看到了唐代精致的生活，人们陶醉于对遥远文明的浪漫想象，然而从中望去却朦胧而茫然，这反而更激发了他们探索这批遗宝背后奥秘的热忱。

偶然的发现

偶然的基础建设发掘出的两瓮一罐，惊呆了现场的所有人。

遗宝中的两瓮一罐（1972摄）

1970年10月5日，西安市省公安厅下属的收容所正在进行房屋建设，当地基下挖到近一米深时，一个陶瓮露了出来。古都西安基建时发现文物并不奇怪，这个普通的陶瓮除了体量较大外，也无特别之处。可，打开盖子一看，里面银碗、银盘，金盆、金杯……耀眼的文物惊呆了在场的所有人。

收容所负责人感到事情非同小可，立即报告了陕西省文物管理委员会。文管会随即派考古人员赶到现场，立即判断说：附近很有可能还有文物埋藏。于是决定对四周进行探查。几天后的10月11日，在陶瓮北侧约1米处又发现一个陶瓮。这件陶瓮在铲探时恰好被打中，传递出清脆的声音，再打下去，似乎击中了成摞的银碗。好在，当感觉奇异时铲探立即停止。仔细清理泥土后，被探铲击破了一个洞的陶瓮显露出来，陶瓮内的文物没有受损。紧挨这件陶瓮的，还有一个装满器物的银罐。

两件陶瓮大小相若，高65、口径37.5、腹径60厘米。将两瓮一罐文物移至室内清点、登记，共有金银器、银铤、银饼、银板、钱币、玛瑙器、水晶器、玉器、金箔、麸金、宝石及朱砂、石英、琥珀、石乳等文物1 000余件。其中金银器皿最多，共271件。金器总重量298两，银器总重量3 900多两，闪耀夺目，令人惊诧不已。

价值何在？

唐代宫廷贵族生活、金银制作工艺、租庸调制、道教和医药、胡人和胡风等，都能在它们身上看见。

按以往的知识和经验判断：这是唐代文物。由于收容所的位置在西安南郊何家村，依考古惯例，遗迹以发掘地点命名，于是两瓮一罐被称为何家村唐代窖藏。

自20世纪50年代以来，西安地区发现唐代窖藏文物约20处，可没有一处在数量、种类和品级上能与何家村窖藏文物相比，它的发现极大地填补了唐代物质文化的空白。

窖藏珍宝很多前所未见。刚刚发现时，虽无法恰当、准确地评估它们的价值，却完全可以预感这是个重大发现。经过粗略地分析，人们逐渐形成了共识：

窖藏文物反映了宫廷贵族丰富多彩的生活；
金银器制作工艺代表了唐代的最高水平；
晶莹剔透的玉石作品，展示了当时技术和艺术相结合的魅力；
种类众多的钱币是一次空前的发现；
带文字的银饼印证了唐代的租庸调制；

一些药材是中国古代医药史上的一次重大发现；

文物中还有外国输入的物品……

当时正在“文化大革命”之中，惊心动魄地破四旧运动刚刚过去，古代珍宝奇迹般地出现，勾起了人们无法抹去的怀古之情。

2 亮相

原始报告

展览插曲

外交使者

唐代形象的代言

盛世大唐舞台上最活跃的角色

了解世界的窗口

1971年的展览，在北京引起了巨大轰动。

原始报告

1972年复刊的《文物》，刊载的就是它的简报。真实的物品和虚假的结论背后，隐约显露出难能可贵的学术规范。

地下文物出土层出不穷，人们对祖先创造的文化难以忘怀。无论是出于尊重，还是出于猎奇，何家村窖藏没有任何宣传，没有任何炒作，却在当年社会各界引起了不小的波澜。

“文化大革命”中几乎所有学术刊物都被迫停刊，考古领域的杂志也难逃此命运。然而何家村窖藏以及其他珍贵文物的陆续出土，

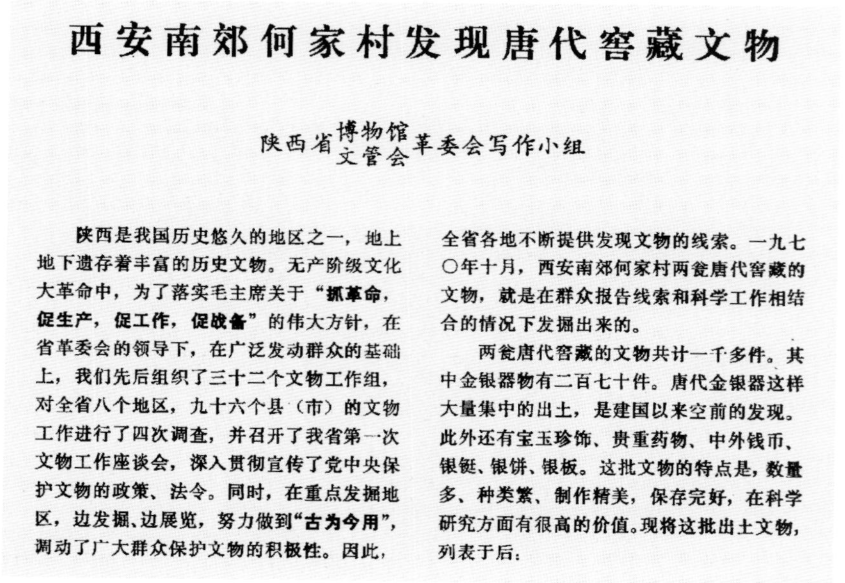

西安南郊何家村发现唐代窖藏文物

陕西省博物馆、文管会革委会写作小组

陕西是我国历史悠久的地区之一，地上地下遗存着丰富的历史文物。无产阶级文化大革命中，为了落实毛主席关于“**抓革命，促生产，促工作，促战备**”的伟大方针，在省革委会的领导下，在广泛发动群众的基础上，我们先后组织了三十二个文物工作组，对全省八个地区，九十六个县（市）的文物工作进行了四次调查，并召开了我省第一次文物工作座谈会，深入贯彻宣传了党中央保护文物的政策、法令。同时，在重点发掘地区，边发掘、边展览，努力做到“**古为今用**”，调动了广大群众保护文物的积极性。因此，全省各地不断提供发现文物的线索。一九七〇年十月，西安南郊何家村两瓮唐代窖藏的文物，就是在群众报告线索和科学工作相结合的情况下发掘出来的。

两瓮唐代窖藏的文物共计一千多件。其中金银器物有二百七十件。唐代金银器这样大量集中的出土，是建国以来空前的发现。此外还有宝玉珍饰、贵重药物、中外钱币、银铤、银饼、银板。这批文物的特点是，数量多、种类繁、制作精美，保存完好，在科学研究方面有很高的价值。现将这批出土文物，列表于后：

《文物》上刊载的简报

令人兴奋不已。借此时机，在郭沫若建议、周恩来的关照下，《考古学报》、《考古》、《文物》最早复刊。《文物》1972年第一期复刊号上，就刊载了何家村窖藏发现的简报。

何家村窖藏的报告很简单，文字不足五页，内容带有浓厚的政治意味："这批文物有力地揭露出盛唐时期的社会真相。""剥削阶级在这个盛世里挥霍劳动人民创造的财富，霸占劳动人民创造的文化，严重阻碍着社会发展。"这种演义推理如今看来可笑，不过在当时的环境下在所难免。应感叹学者们能将简报发表出来，特别是比较完整地列出了一个器物登记表，公布了不少图片，还将发现地点的周围比较全面的钻探情况进行了介绍，真实的物品和虚假的结论背后，隐约显露出的学术规范，是难能可贵的。

展览插曲

何家村遗宝亮相北京，还发生了一次小小的紧张事件。

1971年初，何家村窖藏的部分文物被送到陕西宾馆，请柬埔寨西哈努克亲王参观，他是首次见到这些珍宝的外国人。紧接着在6月，北京故宫慈宁宫正殿举办"文化大革命"中"全国出土文物珍品展"，面向广大民众。何家村窖藏提供参展文物很多，共50件（组），人们想象中唐代文化当是富丽堂皇的，这次亲眼看见了实物。

展览当时在北京引起了巨大轰动，中央许多官员都去参观，还发生了一次小小的紧张事件。当时权势显赫的江青，对那件流光溢彩的鸳鸯莲瓣纹金碗很感兴趣，隔着展柜玻璃观看不过瘾，就要求

“全国出土文物珍品展”图录

将这件金碗从展柜中提出，拿到一个房间一个人仔细观赏，连陕西方面负责展览的责任人也被拒之门外。这位负责人很担心，文物如果还不回来怎么办？急得头上直冒汗。一个多小时之后，金碗才被拿回展室，放入展柜之中。负责人长长地松了一口气。他对江青缺乏信任，事出有因。“文化大革命”中权势人物占有国家文物的事，确有发生，如同样权势显赫、担任“文化大革命”中央“文革”小组顾问的康生，对文物古董有着特别的兴趣，甚至到了着迷的程度。他很懂行，趁“文化大革命”之乱，康生一面拼命鼓动“砸烂四旧”、抄家，一面瞅准机会侵占文物。他多次到北京市文物管理处查看各地抄来的文物古籍。他对工作人员说：“这些东西你们还是先不要动，我想里面有不少是防扩散的，有些还需要鉴别。这样吧，你们负责看管好，我专门找个时间来为你们鉴定一下，对这些四旧东西怎么处理，中央‘文革’也还需要研究，伯达同志、江青同志他们都是内行，等我们来看了再处理吧！”就这样，康生多次到北京市文物管理处，有时拿走古籍，有时拿走文物。每次都说“拿回去鉴别”，或者“借来看看”，后来自己都觉得不妥，因而有些时候也掏钱“买”。康生弄文物古籍的事被别人知道了，有好几位“文化大革命”中“走红”的大员来到北京市文管处，挑拣所爱，打包回府。

外交使者

美国神秘的特使看到了“神秘的中国”。

1971年7月15日，国际社会发生了一件大事，敌对多年的中、美两个大国突然发表联合公报：美国尼克松总统将要访华。中美要握手言和，全世界都愣住了。

可这件事与何家村的发现有什么关系呢?

事情是这样的：尼克松就任美国总统后，下令要“探索重新同中国人接触的可能性”，发出了想打破中美关系僵局的信号。中国立刻做出了反应。在当时，这件之后震惊世界的外交大事是在暗中运作的。中美双方进行了一系列试探之后，尼克松总统决定先派特使基辛格博士来华。基辛格在中介人巴基斯坦总统叶海亚·汗提供的协助下，于7月9日12时秘密来到北京，11日12时离开，只停留了48小时，其间先后同周恩来会谈17个小时。除了非常紧张而秘密的会谈，唯一安排的外出活动，就是悄悄参观了故宫三大殿和“全国出土文物珍品展”。

“文化大革命”轰轰烈烈的破四旧砸毁文物，对中国文化的破坏无从估计，同时也给中国国际形象造成了极大的损害。为挽回这一恶劣影响，北京故宫慈宁宫正殿举办了“全国出土文物珍品展”，何家村窖藏中的鸳鸯莲瓣纹金碗、鎏金舞马衔杯银壶、金筐宝钿团花纹金杯、八曲银杯、八棱银杯、鹦鹉纹提梁银罐、五足银熏炉、镂空银香囊、六条金走龙、嵌金玉臂环、玛瑙兽首杯、中外金银货币，还有河北的“金缕玉衣”、甘肃的“马踏飞燕”等绝世珍宝，在民众面前亮相，引起了巨大轰动，成了当时人们文化生活中一个难得的亮点。这个展览，使这位神秘的特使，看到了“神秘的中国”。

不久后，1973年5月8日，包含何家村部分罕见文物的“出土文物珍品展”第一次迈出国门，在法国巴黎珀蒂宫隆重开幕。此后这个展览先后在16个国家和地区巡回展出，参观总人数达到657.5万人次。承载着中国古老文明的稀世珍宝展，像一张新的外交“名片”，起到了“文物传深情，友谊连四海”的特殊作用，许多国家虽还存有对中国“文化大革命”的迷惑，但从展览中看到了中国对文化的尊重，他们开始重新审视古老神奇的中国。何家村的文物周游世界，竟然为20世纪70年代中国的外交突破，作出了不大不小的历史性贡献。

唐代形象的代言

凡有关唐代主题的文物展览，必选何家村窖藏。凡讲到唐代物质文化成就，一定要讲何家村遗宝。

何家村窖藏文物亮相后，部分器物开始了世界旅行，足迹遍及日本、韩国、新加坡、英国、法国、德国、美国、加拿大等国家，还有香港、澳门和台湾等地区。随着时间的流逝和沉淀，人们越来越清醒地认识到，何家村窖藏器物因其内容丰富和精美，简直可以作为唐代形象的代言。

国际国内，凡有关唐代主题的文物展览，必选何家村窖藏器物。毫不夸张地说，讲到唐代物质文化成就，一定要讲何家村文物。只有看到这些器物，才能知道唐代具有什么样的魄力、什么样的精彩、什么样的情趣。这些器物镶嵌在一个特定的空间里，其本身已不仅仅只是物体，而是作为一种文化符号与意识载体，其背后的文化心态、生活方式、社会背景，重新勾画出人们原来不曾想象的大唐盛世。

盛世大唐舞台上最活跃的角色

它比正仓院宝物更精彩，成为唐代物质文化史上最活跃的角色。

说何家村窖藏是一个划时代的发现，还有其他原因，这就不能不提起日本的正仓院。

日本奈良东大寺大佛殿背后有个干栏式建筑，名为“正仓院”，原本是古代保管国家税收、政府财物的仓库。日本圣武天皇死后，天平胜宝八年（公元756年），光明皇太后为祈福先帝，将其生前收藏的珍贵宝物奉献于东大寺供养卢舍那佛，并入藏正仓院。皇室供奉的物品极为丰富，有袈裟、书籍、乐器、武器、镜、屏风、花毡、药物等。重要的是，这些物品很多来自中国，是当时遣唐使、留学生、僧人等带到日本的物品。东大寺正仓院一直妥善保存皇家珍宝，从江户时代起，它们逐渐被看作是历史文物，明治时代由政府直接管理，明治十七年（公元1884年）转为宫内省管理，一直延续到现在。

以往探讨唐代物质文化史，阐释唐代各种手工业的成就，不得不依靠正仓院的藏品。何家村窖藏的发现，更加精美的文物的出土，很大程度上改变了这一局面。在探究大唐盛世的舞台上，何家村文物以其数量众多、材质各异，成了最为活跃的角色。

正仓院宝物之一

正仓院宝物之二

了解世界的窗口

它像一个微型博物馆，延伸出宏大遥远的世界，为认识中外文化交流敞开了一扇窗。开放的唐代，有着博大胸怀，以追求新奇为时尚。西方的珍玩器皿受到了皇室贵戚的喜爱，胡风一度盛行。

何家村宝物闪烁着盛世大唐的光辉，还倒映出世界文化的影子。宝物中出人意料地出现了**波斯萨珊**凸纹玻璃杯、**粟特**素面罐形带把银杯、**波斯萨珊**银币、**东罗马**金币、**日本**和同开宝等，还有来源不明的玛瑙兽首杯、不明产地的白玉和水晶多曲长杯，至于仿造外来器物的带把杯，流行于西方的凸瓣纹、海兽水波纹以及凸起的单点动物、“徽章式”的装饰等，让观者在视觉上，对文献中关于丝绸之路的浪漫描述，有了真实的感受。

何家村窖藏就像一个微型博物馆，延伸出宏大遥远的世界，敞开了一个认识中外文化交流的窗口。开放的唐代，胸怀博大的唐代，以追求新奇为时尚，西方的珍玩器皿受皇室贵戚所好，胡风一度盛行。输入而来的器物以新颖的造型和纹样，激起了人们极大的兴趣和创作热情。外来器物也担当了文化传播者的角色，异域风格成为唐代一些器类的亮点，唐人的文化生活和审美价值体系，在中国漫长历史中，出现了前所未有的改观。

3 波澜

冤案险酿
盗贼光顾
仿制品惊现纽约
对作伪者的一个忠告

自从发现以来，梦魇不断，离奇的事情接连发生。

冤案险酿

谁动了何家村的金箔？

陕西省文物局刘云辉讲述了何家村宝物出土后，险些酿成的一桩冤案[1]，其起因是宝物中的金箔重量问题。

1970年10月12日，何家村文物出土的第二天，有四块“赤金箔”浸泡在陶瓮中的鹦鹉提梁罐里，金箔拿出不再滴水时，用天平称得总重量为11市斤（注：1市斤= 0.5千克）。1971年1月中旬，与文物接触最多的考古学家韩伟，在编写金银器报告时对赤金箔重新称重。奇怪的事情发生了。金箔只剩4388克（合8.776市斤），比三个月以前第一次称重少了2.22市斤。1971年4月13日，博物馆保管组将金箔作为正式入库文物登记时，发现赤金箔重量有变，第三次对金箔称重，其总重量为4148克（合8.296市斤），比第二次所称重量又减少了240克（合0.484市斤）。为了确保数字准确，工作人员又到西安市粉巷银行营业部复称一次，结果相同。

2.704市斤金箔不翼而飞，问题严重了。不断有人向上级写信反映，怀疑金箔被窃取了。博物馆组织了一次清查，还派专人去北京，取回在故宫展览的两块金箔，加上库存的两块，第四次称重，总重为4084.3克（合8.1686市斤），比第三次所称重量又少了63.7克（合0.1274市斤）。

什么原因使金箔前后重量相差近3市斤？真的是有人窃走了金箔？还是另有原因？将近3市斤的唐代黄金，在当时的首都长安城，至少可以买一座豪宅大院。20世纪70年代，1500克（3市斤）黄金，价值相当于8000个人一个月的生活费用的总和。如果真是有人窃走了金箔，肯定是内部人员，那又是谁呢？猜忌先在博物馆保管组内部蔓延，又逐渐在整个博物馆扩散，直至掀起轩然大波。

在接到检举反映后，当时的中共中央副主席王洪文对此事作出了“严查严办”的批示，由陕西省省委宣传部王炎处长担任组长的专案组，到博物馆调查摸底后，将怀疑的重点放在了韩伟的身上。何家村唐代文物发现后，韩伟参加了发掘工作，并主持编写简报。在简报编写过程中，他曾多次提取文物，有人说，韩伟陪这些文物至少睡了几个月的觉，如果有人动手脚，不是他还会是谁？

王炎专门找韩伟谈话，要求韩伟如实交代，争取宽大处理。被限制了人身自由的韩伟自觉委屈，一个普通人也明白这最起码的职业道德底线，更何况作为一名敬业的考古学家的他。可这天大的冤枉，面对缺斤少两的金箔，面对谁也无法否认的铁证，该如何洗清？

问题究竟出在哪里？在此后的调查过程中，有人回忆起金箔在展览过程中，曾出现渗水的情况，由此说明金箔本身还有水分，而且不是在短期内能够蒸发完的。这是要找的答案吗？为了证实赤金箔曾经含有的水分重量等于金箔缺少的重量，专案组立即从西北大学请来了物理系、化学系的几位专家到现场分析，并对金箔进行了浸水实验：经过三个昼夜，金箔含水量达到饱和程度；将金箔取出后，由实验人员双手握住金箔，用力甩干，再稍加晾干，在其不滴水时对其称重，不多不少正好11市斤。人们紧悬的心都放下了，尤其是被怀疑的韩伟如释重负。专案组当场宣布，解除对韩伟同志的隔离审查，恢复其工作。金箔缺斤少两的秘密终被解开，这个前后持续了40多天、险酿成历史冤案的事件，终于真相大白。

盗贼光顾

一伙盗贼得手了，另一伙盗贼失手了。

盗贼也将贪婪的目光投向了何家村宝物。1975年9月26日，本应接待观众的陕西省博物馆突然闭馆，原因是何家村遗宝被盗，而这一天恰好是“赤金箔”问题结案的日子，真可谓祸不单行。

关于这次被盗，坊间传说版本甚多。后来担任陕西省文物局副局长的刘云辉，讲述了当时的情形：早8时许，工作人员准备去开东侧隋唐陈列室，眼前的一幕让他们大吃一惊，一扇窗户大开，窗扇上一处玻璃被击碎。工作人员立即报告给了馆领导。经仔细检查，展柜上的锁头被撬开了。清点文物后发现，何家村宝物中的6条小金龙、5件素金钗、1件金钏、1件鎏金花纹的八角杯被人盗走。还有1件素面高足银杯，只有底部还留在展柜中，杯身不见了。总计14件文物被盗。事发之后，西安市公安局立即组织精兵强将到现场取证侦查，但由于当时刑侦手段落后，未发现任何线索。时至今日，该案仍然未破，成了一个有名的积案。

还有一件事，1992年9月18日，开封博物馆69件玉器被盗。这一案件最终被破获，文物被如数追回，罪犯被抓获判刑。根据罪犯交代，最开始他们看上的是陕西省历史博物馆的文物。他们先在陕西省历史博物馆东侧的地矿宾馆住下，白天去博物馆参观踩点。晚上闭馆后，他们透过宾馆窗户，用望远镜观察博物馆安全保卫情况。由于博物馆设施先进，还有百名武警把守，这伙盗贼观察了好长时间，根本无从下手，才离开西安到了河南开封。他们同样在开封博物馆对面的宾馆租住房间，观察博物馆的动静，白天以观众身份假装参观并踩点，晚上远距离观察安全保卫情况。他们甚至弄清了博物馆摄像探头的型号，还购买了相同的摄像探头来研究破解，最终阴谋得逞，盗走了开封的文物。

仿制品惊现纽约

惊动了所有人。

用价值连城来形容何家村宝物不是虚夸，可自从发现以来，梦魇不断，离奇的事情接连发生。刘云辉还讲述了另一个真实的故事：1991年5月，在美国纽约的一次拍卖会上，突然出现了一件唐代鹦鹉纹提梁罐，预拍价为750000～900000美元，最初为纽约的索赛博斯先生（Sotheby's）所有。有心人将它与何家村出土的鹦鹉纹提梁银罐联系起来，认为很可能是从中国走私到美国的。旅美华侨给中央领导写信，反映了这一问题。中央领导很快将信函批转到了公安部和国家文物局，要求陕西省对此事进行调查。但，何家村的鹦鹉纹提梁银罐，仍然完好地保存在陕西历史博物馆中。

美国电传过来的器物照片比较模糊，外观很接近何家村出土的原器。多数专家怀疑是仿品，排除了鹦鹉纹提梁银罐走私出境的可能，此事就暂时告一段落。

1999年底至2000年初，陕西省文物局在大英博物馆举办了唐代文物精华展（当地称之为金龙展），其中82号展品就是何家村出土的唐代鹦鹉纹提梁银罐。在展览刚结束、文物被撤到库房准备包装时，美国纽约著名收藏家安思远（C.Rober Ellsworth）一行几个人，来到大英博物馆，带来了1991年惊现纽约的那件唐代鹦鹉纹提梁罐，与何家村出土的原器进行对比。担任这批文物展览工作组组长的刘云辉仔细观看了安思远带来的器物，发现与原器有相当大的差距。陕西省历史博物馆馆长韩伟也对该器与原器做了较详细的比较，认为安思远所持的器物缺乏真器的气韵与精神，复制者对于唐代花纹缺乏研究，中心图案鹦鹉头失真，鹦鹉右爪从翅下伸出，而不是如原器从腹之右侧伸出，有悖于常理。花纹的细节也有不少错误。是仿制品无疑。

何家村文物被安排展览，照片被报纸杂志刊载，何家村遗宝逐渐被人们了解，也引起了古董作伪者的关注。特别是社会收藏热出现后，何家村遗宝的赝品纷纷现身，笔者不止一次看到舞马衔杯银壶、鎏金仕女狩猎纹八瓣银杯、兽首玛瑙杯、狩猎纹高足银杯、鸳鸯莲瓣纹金碗的仿制品，有的甚至堂而皇之地送进拍卖行进行拍卖。

对作伪者的一个忠告

仿造何家村遗宝绝对是一件蠢事。

不敢说文物作伪者水平低下，也不能说作伪者的智商不够，但仿造何家村遗宝却是一件蠢事。理由很简单，能被称作大唐盛世珍宝的何家村宝物，即便在当时，也是唯一的。最优秀的工匠处心竭虑创作出的作品，在手工业时代怎会批量生产？就如同达·芬奇自己，重复地画几幅甚至几十幅“蒙娜丽莎”一样，让人难以想象。

何家村宝物多为唐代的极品，集当时艺术、技术之大成，岂是一般工匠所能仿制？即便对材料、技术有极深的了解，也能突破仿古做旧的难关；如没有丰富的历史知识，也很难理解器物造型上每一个微妙的转折、花纹上每一笔细微的线条。盛唐的朝气蓬勃，盛唐的大气磅礴，盛唐的自信从容，源于那个时代的历史文化，那种轻松欢乐的浪漫，甚至帝国舍我其谁的傲慢，是难以复制的。

最优秀艺术家的审美情趣，最顶级工匠的才华智慧，凝聚在何家村一件件遗物上，几乎都是独一无二的创造。古董市场上那些看似惟妙惟肖的赝品，令人敬佩的同时，也看到了赝品作者妄自尊大背后的妄自菲薄。每每看到赝品作者的得意和上当受骗的购买者以为自己拥有了“国宝”的喜悦，总不由生出同情之情绪。仿造品表面的精致掩盖不了本质的无聊，即便非为商业动机所驱动，喜爱传统也未必要重复过去，不忘拥有过的美好，何不追求新的美好？用自己的聪明才智，寻找新的叙述方式，创造新的“千年梦想”。

4 发展

从『何家村窖藏』到『何家村遗宝』

它，什么时候被埋入地下？

旧说遭到质疑

新观点的提出

即便接近了历史的真相，又提出了新的问题。

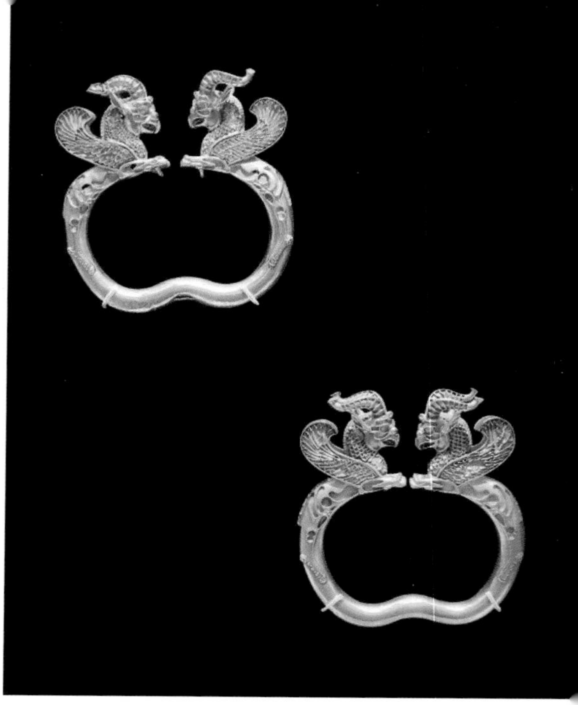

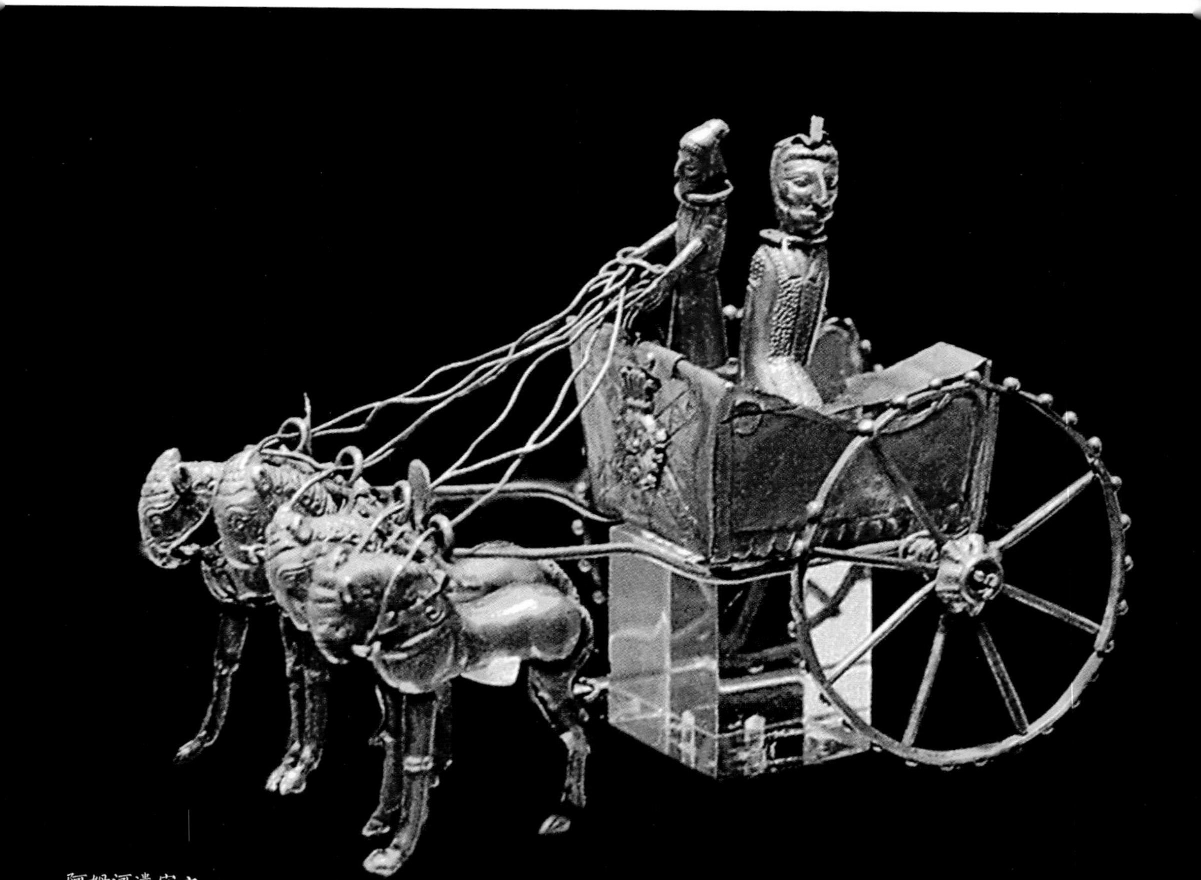

阿姆河遗宝之一

阿姆河遗宝之二

从“何家村窖藏”到“何家村遗宝”

称它为“何家村窖藏”，实在有些委屈。

我曾提出，应该改称“何家村窖藏”为“何家村遗宝”，后来也被人们认同。看起来好像只是个文字名称的变动，其实不然。考古发现分遗址、墓葬、窖藏等等载体。唐代窖藏当然不止何家村一处，但何家村窖藏文物的数量巨大、种类丰富、制作精美，其他窖藏不可同日而语，使用通常的窖藏名称，实在有些委屈，反映不出它特有的性质。它令人想到约一百年前（公元1877年）中亚阿姆河流域的一个发现，那个发现含金银器177件，钱币1300余枚，年代包括公元前5世纪至公元前2世纪，出土遗物具有波斯、大夏、斯基泰、希腊等多种文化特征，鉴于器物的精美和在学术研究中的重大意义，被广泛称作“阿姆河遗宝”。

何家村窖藏文物的种类和数量都远远超过阿姆河遗宝，其中有明确来自波斯萨珊、东罗马、中亚粟特和日本等地的物品，至于在外来影响下的创新品数量更多。同一个遗址出土的遗物反映出多种文化的交融，实属罕见。包含多种文化要素的何家村文物，在丝绸之路研究史上的重要性，堪与中亚的“阿姆河遗宝”媲美。而且“阿姆河遗宝”出土的准确地点不清楚，埋藏年代不清楚，经布哈拉商人几次转手，又混进其他物品。何家村文物出土地点清楚，埋藏年代比较明确，显示出更为重要的学术价值，因此将“何家村窖藏”称为“何家村遗宝”，是有意与其他窖藏相区别，这不是措辞的微妙，而是暗含它的重要性和丝绸之路研究中的特殊价值。

它，什么时候被埋入地下？

天宝十五载，安禄山之乱，兴化坊邠王府，李守礼后人？

评估文物价值，包括历史价值、艺术价值和科学技术价值。首要的而且是必需的，是年代的断定。对于地下出土文物来说，与年代相关的还有遗迹的性质，即什么人的物品、埋藏的地点、器物是干什么用的，等等，这些同时也是年代断定的参考。关于何家村遗宝的年代的判定比较复杂，实际有两层含义，一是各种器物的制作年代，一是这些器物的埋藏年代，而埋藏年代最为关键。

何家村遗宝并非同一时期制造的器物，时代最早的甚至早到春秋时期。其中有重要的纪年物品，但器物上的纪年不等于器物埋藏时间。要断定埋藏时间，确认器物群中最晚的器物最为关键。

然而，这批偶然发现的遗宝，除了两陶瓮一银罐外，没有发掘地层等其他线索，年代的判断只能根据器物本身。当时参加发掘和整理的学者认为，何家村遗宝的时代下限在盛唐晚期（约公元8世纪末），地点在长安城兴化坊中部偏西南的部位。又据唐人韦述《两京新记》“兴化坊”条“西门之北，今邠王守礼宅，宅西隔街有邠王府”的记载，认为这批文物出土地点在“唐长安城兴化坊邠王府的部位上”[2]。

两个月以后，《文物》1972年第3期，郭沫若发表《出土文物二三事》一文，文章开始便说：“1970年10月5日与10月11日，陕西省西安市南郊先后出土了两瓮唐代文物，已考定为唐玄宗李隆基天宝十五年（756年）六月因安禄山之乱逃奔四川时，邠王李守礼的后人所窖藏。”这显然不是原报告的观点。何家村报告发表后仅仅两个月，其间，没有任何报道下过这样的结论。以当时的情况看，郭沫若对出土文物极其关心，在直接促成了三大杂志的复刊后，还积极撰写论文。他的《出土文物二三事》一文，意在考证何家村出土的日本钱币“和同开宝”的定年，故所说何家村窖藏“已考定为”天宝十五载（公元756年）六月，因安禄山之乱由邠王李守礼的后人所窖藏，当是学界的普遍看法。在后来的学术文章中，更明确指出，根据遗宝中“开元十九年”银饼和同时出土的中外钱币，判断埋藏年代不晚于天宝十五载（公元756年）[3]。

唐代安禄山发动的战乱，从北方一路杀来直趋首都长安，皇室、贵族仓皇外逃。在此情况下邠王府人员将众多遗宝埋在了地下，这一结论几乎成了定论，长期作为对这批文物的解说。因论定为邠王李守礼的物品，李守礼的父亲又是赫赫有名的章怀太子李贤，在此基础上又引申出种种推断。

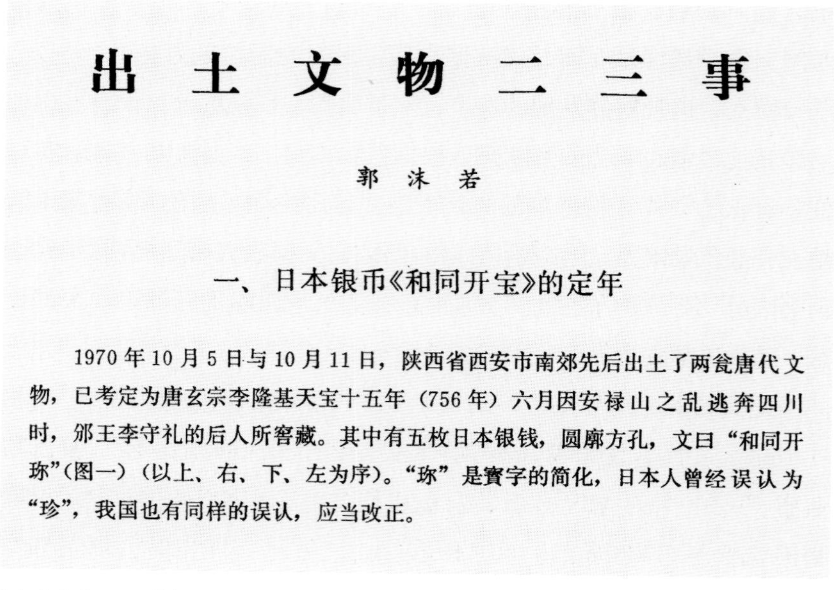

出土文物二三事

郭沫若

一、日本银币《和同开宝》的定年

1970年10月5日与10月11日，陕西省西安市南郊先后出土了两瓮唐代文物，已考定为唐玄宗李隆基天宝十五年（756年）六月因安禄山之乱逃奔四川时，邠王李守礼的后人所窖藏。其中有五枚日本银钱，圆廓方孔，文曰“和同开珎”(图一)（以上、右、下、左为序)。“珎”是寳字的简化，日本人曾经误认为“珍”，我国也有同样的误认，应当改正。

《出土文物二三事》

旧说遭到质疑

十年之后，考古学方法提供了新证据，旧说遭到质疑，何家村遗宝的年代被否定了，拥有人也被否定了。

被形容为“渔阳鼙鼓动地来”的“安史之乱”，是唐代乃至中国历史上一件惊心动魄的大事。战乱中很多高官贵族埋藏珍宝逃离，皇室成员邠王李守礼埋藏宝物逃离长安，似乎顺理成章。

但是，十年之后，有学者质疑旧说，认为遗宝出土位置不在邠王府，埋藏年代应在唐德宗时期（即公元780～805年）[4]。拥有人被否定了，年代也被否定了。这一观点非同小可，因为如果不是安史之乱时埋藏，又不是邠王李守礼的财宝，如同釜底抽薪，将以往通过何家村遗宝说明的历史，邠王李守礼骄奢淫逸的生活等的阐发，以及所有引申的解释都化为乌有。

安史之乱的确造成高官贵族藏宝逃离长安，兴化坊中也确实居住着邠王李守礼。但是将历史事件和这个显贵家族，与何家村遗宝联系在一起的缺陷是，当时没有对器物做具体分析，缺乏精确的年代论证。另外，兴化坊很大，南北长500～590米，东西宽558～700米，这一范围内居住着各种人，难道非李守礼莫属？安史之乱与李守礼之间的逻辑关系不紧密，刚刚发现时做出的判断和解释难免粗糙。

研究古代器物，考古学有类型学手段。简单地说，就是对器物造型、纹饰、工艺技术等进行分析和排比，找出演变轨迹，进而对器物进行断代。新观点正是通过这样的方法，对何家村金银器的装饰花纹进行了排比，还参照有纪年的石刻纹样等资料，将何家村金银器制作的时代分成四期，最晚的第四期约当德宗时期（公元780～805年）。遗宝中的一些器物上，出现了枝叶茂盛、鲜花怒放的大型花卉图案，纹饰整体布局采取了分单元的方式，这些特点都要晚于“安史之乱”。此外又根据唐韦述《两京新记》关于长安城里坊内各个方位的表述，新观点认为何家村遗宝出土地点不在邠王李守礼宅或府。

新观点很有些道理，但却没有论述埋藏的原因，并认为判定遗宝的拥有者几乎是不可能的。一个已经把研究引向了深入的启示，遗憾地断送在一个不可知的结论中。

新观点的提出

谁能将这些不同来源的器物组合到一起？何时、为什么要埋入地下？最终答案是什么？

无论是旧说或是新说，从学术研究发展史来看，都是不同阶段的贡献。对何家村遗宝的埋藏年代和主人的两种看法并存，孰是孰非，双方都无优势而言，这一悬疑一直延续。但是埋藏年代和拥有主人这两个问题不解决，这批实实在在的遗宝，在用以研究历史时，将会变成“疑宝”。

何家村遗宝发现30多年后，我提出了更新观点：何家村遗宝的埋藏年代应该在唐德宗建中四年（公元783年）泾原兵变爆发之时，埋藏地点应是租庸使刘震宅，遗宝是国库中的物品[5]。这一看法的提出，既考虑到器物中最晚的器物，也与历史事件直接联系，又分析了不同年代、各种材质的遗物可能集中在一起的原因，还引用了一些新的文献史料。

对何家村遗宝的埋藏年代和拥有者，先后出现了三种主要的不同看法，由于提出的时间不同，三种意见并非并列。问题的复杂还在于，遗宝器类丰富、来源多元，在不涉及埋藏年代的情况下，对遗宝的拥有者还有另外诸多意见，即邠王李守礼的家藏说、贵族家藏说、钱币收藏家说、道家遗物说、作坊产品说等等，可谓疑上加疑。

[1]《何家村遗珍传奇》,《中国之韵》2010年7月。
[2] 陕西省博物馆等:《西安南郊何家村发现唐代窖藏文物》,《文物》1972年1期。
[3] 镇江市博物馆、陕西省博物馆:《唐代金银器》,文物出版社,1985年。
[4] 段鹏琦:《西安南郊何家村唐代金银器小议》,《考古》1980年6期。
[5]《何家村遗宝的埋藏地点和年代》,《考古与文物》2003年2期。

贰 大唐风华

当最初，人们真切地看到那些巧夺天工的文物时，像是透过美丽的面纱看到了唐代精致的生活，人们陶醉于对遥远文明的浪漫想象，然而从中望去却朦胧而茫然。这反而更激发了他们探索这批遗宝背后奥秘的热忱。

在长安一个居民坊中，谁能将这些不同来源的器物组合到一起？何时、为什么要埋入地下？在找到最终答案之前，可以先对一些器物加以解说，再透过器物的群体做出新的猜想，以得到一个真实可靠的结论。如今能够看到和使用的材料更加丰富，对器物的分析可以更加具体精细，对每件器物的细化研究会促使人们更加清晰地认识遗宝的整个历史面貌。

1 玉石品第

三品以上高官的佩戴之物
来自骨咄小国的输入品？
首次发现的白玛瑙带板
天子用九环带
玉辗龙盘带　金装凤勒骢
白玉臂环

有唐一代，无论进行怎样的服饰改变，即便是皇帝下诏禁止奢侈，“三品以上饰以玉，四品以上饰以金，五品以上饰以银”的制度，都不曾改变。

三品以上高官的佩戴之物

玉带既是等级的象征，便不可滥用。

深斑玉銙带

銙，或称銙带、玉带，其实应叫玉带板，是嵌钉在革带上的装饰。何家村遗宝中有10副玉带，目前还属空前绝后的发现。其中9副玉带分别放置在四件银盒内，银盒上均有墨书题记，记载了玉带的名称、形状和组成数量。有趣的是，唐人分别叫这些玉带为白玉、更白玉、斑玉、深斑玉、骨咄玉。用质地、颜色、纹理来称呼不同的玉，这种方式当然不是严格的定名，更像是为了区分而做的一种形容限定。

玉带板都有一定的厚度，唐代的特点是正面面积较小，背面面积稍大，周边呈坡状。它们不仅是腰带的附属物件，更是等级的标示。《唐会要·章服品第》载：

> 文武三品已上服紫，金玉带十三銙。四品服深绯，金带十一銙。五品服浅绯，金带十銙。六品服深绿，七品服浅绿，并银带，九銙。八品服深青，九品服浅青，并鍮石带，九銙。庶人服黄铜铁带，七銙。

可见只有级别很高的官员才能使用玉带。民间腰带上也有玉质的装饰，如李白《叙旧赠江阳宰陆调》：

> 风流少年时，京洛事游遨。腰间延陵剑，玉带明珠袍。

花蕊夫人徐氏《宫词·八十四》：

> 罗衫玉带最风流，斜插银篦慢裹头。

这里应指腰带上比较随意而美观的装饰，与官员的玉带不同。

何家村的白玉纯方銙带、深斑玉銙带、骨咄玉带共置一盒，是完整的一套。盒内墨书：

白玉纯方胯十五事失玦。骨咄玉一具，深斑玉一具各一十五事并玦。

玦，原本是指半环形有缺口的佩玉。三副玉带如果去掉圆首矩形扣柄和圆首矩形铊尾，正好十三銙，应是三品以上的官员才能使用的。

玉带既是等级的象征，便不可滥用。何家村遗宝中有10副玉带，有些甚至尚未加工完成，显然并非一个人所有。就算为家族所有，一个家族同时有多位三品以上的高官并住在一起，几无可能。什么地方有可能集中保存这么多的玉带？看来像是中央官府仓库的库藏。

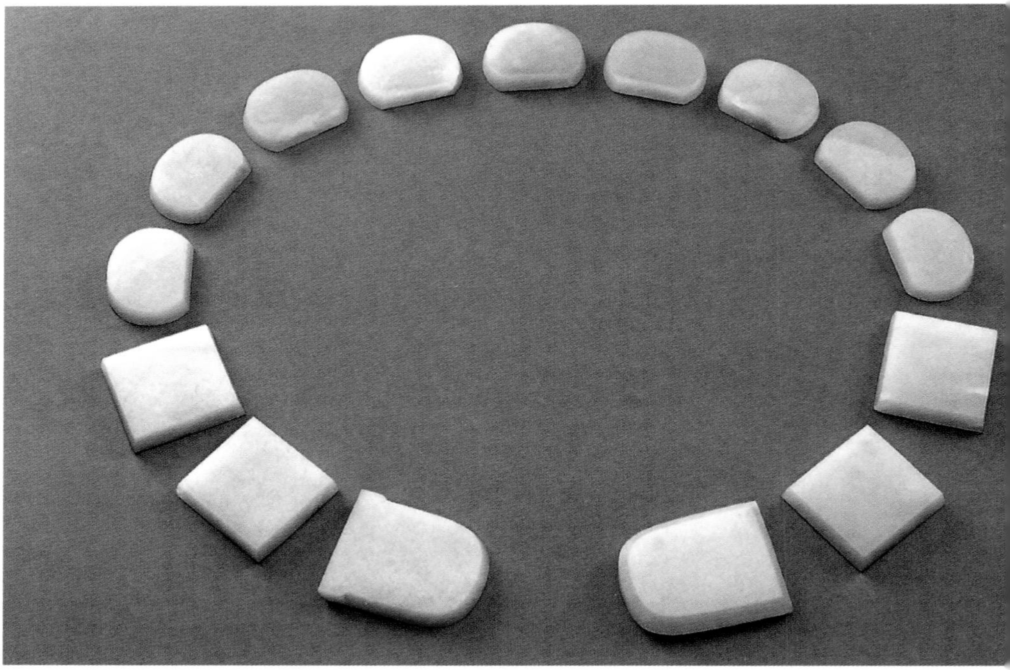

白玉纯方銙带

来自骨咄小国的输入品？

“骨咄”一词难解，像是古代的外来语。

古人没有现代矿物学的分类和定名，美石就是玉，称之为玉带的也可以包括其他材质。何家村有两副材质特别的銙带，即“骨咄玉带”和“白马脑铰具”。这是唐人自己的称呼，因为它们被分别装入银盒时，墨书“骨咄玉一具”、“白马脑铰具一十五事失玦”。

“骨咄玉带”，为青黄色，杂有很多细小的黑色斑点。“骨咄”一词难解，像是古代的外来语。一种意见认为，中亚有一个叫骨咄的小国，这副玉带应是骨咄国所产，然后传入中国。古代文献中还有“骨咄犀”或“骨笃犀”的词汇，古人解释“纹如象牙，带黄色”，可制器物，亦可供药用。“骨咄玉带”虽然并不洁白温润，也无精美纹样，但其材质却罕见，特别是用于制作带板，目前发现仅此一例。

骨咄玉带

首次发现的白玛瑙带板

唐人常写别字，在当时并不奇怪。

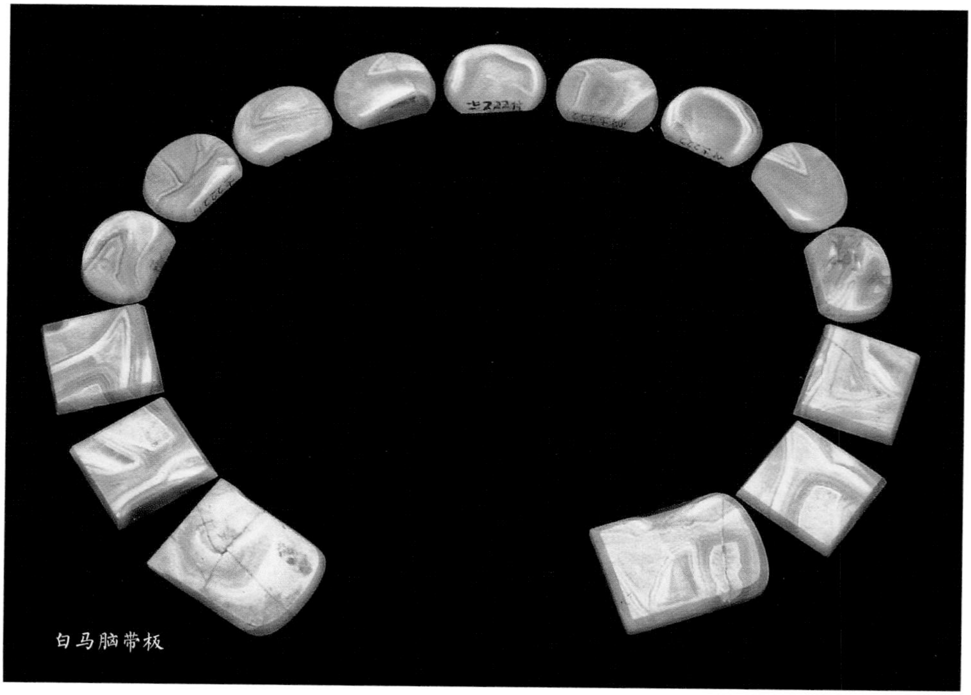

白马脑带板

白玛瑙制成的带板也是首次发现，“白马脑铰具”，脑即瑙字，唐人常写别字，在当时并不奇怪。至于为什么称之为“铰具”，还不清楚。玛瑙是石料的一种，也可归入宝石类，品类甚多，颜色光美，通常酱红色缠橙黄夹乳白，丝纹缟带变幻莫测。这件带板的玛瑙基本为白色，上有淡淡橙灰色纹理，十分雅致。

值得注意的是，这两副玉带都没有钻孔。玉带板上必须打孔，因为要钉到皮质的革带上。打孔通常为象鼻孔，穿丝固定，更为结实。且不说这两副玉带都无纹样，没有打孔当然无法实际使用，似为未完成的作品。

天子用九环带

唐革隋政，天子用九环带，百官士庶皆同。

古人无论是穿袍，还是上衣下裳，腰间都需要扎带，最早用各种材料的绳子、皮革系结，合拢之处，用带钩连接。西汉时出现用扣针、针眼来固定的带扣，可以调节，更为方便。晋代带上又出现附环，可以垂挂物件。附环垂挂随身物件，从实用的角度来看很有必要，当然更美观，因此附环兼具实用和装饰功能。唐代带上的玉质附属物件分为三种：一种附环，一种有孔，一种为单纯的带板。

何家村10副玉带中，有一副被叫作“九环蹀躞带”。九环容易理

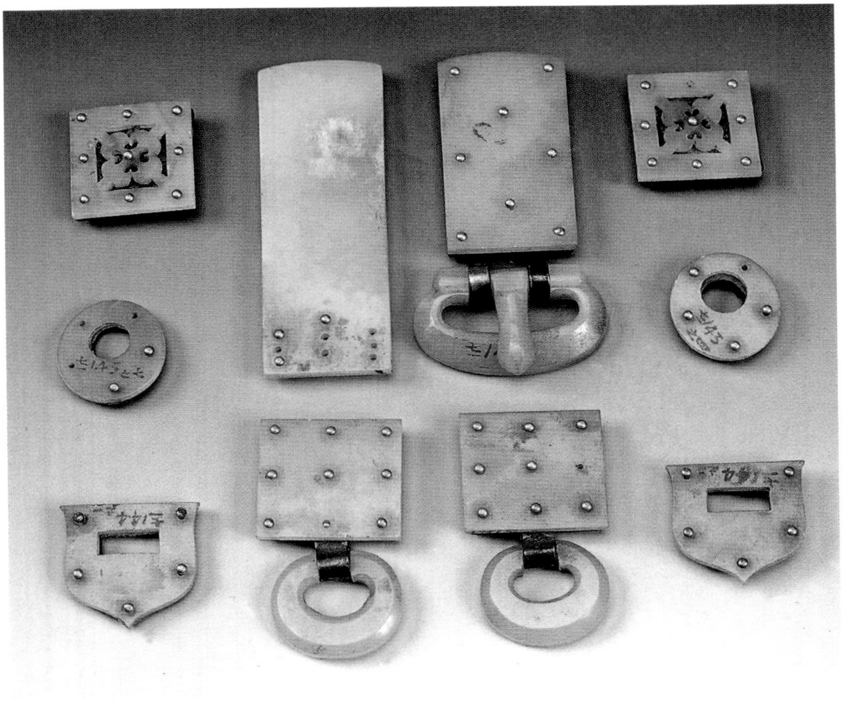

九环蹀躞玉带

解，就是带板上的附环。“蹀躞”一词，本来是小步行走的意思，唐代权德舆《从叔将军宅蔷薇花开太府韦卿有题壁长句因以和作》有：

环列从容蹀躞归，光风骀荡发红薇。

后来“蹀躞”指腰带上的饰物，系在有孔的带板上，用来佩带各种物件。蹀躞带在北周宣政元年（公元578年）若干云墓、隋大业六年（公元610年）姬威墓和隋炀帝墓都曾出土。

唐代带上的带板，质地有玉、犀、金、银、鍮石、铜、铁等多种，实用、装饰之外，代表官员不同的等级，三品以上的官员才可以用玉带，玉带代表最高等级。有唐一代，无论进行怎样的服饰改变，即便皇帝下诏禁止奢侈，带板“三品以上饰以玉，四品以上饰以金，五品以上饰以银”的制度，都不曾改变。

带板既然是等级的象征，自然可以成为赐物。《新唐书·李靖传》：

> 靖破萧铣时，所赐于阗玉带十三胯，七方六刓，胯各附环，以金固之，所以佩物者。又有火鉴、大觿、算囊等物，常佩于带者。

南北朝至隋代，天子革带附十三个环，《周书·李贤传》：

> 高祖……降玺书劳贤，赐衣一袭及被褥，并御所服十三环金带一要。

同书《于翼传附李穆传》：

> 乃遣使谒隋文帝，并上十三环金带，盖天子之服也，以微申其意。

史载：“唐革隋政，天子用九环带，百官士庶皆同。”[1]李靖是唐初之人，所赐玉带十三銙各附环，似乎还未实行改革，而这个赐物代表了最高等级。

何家村的白玉蹀躞带十分完整，由附环方銙9件、方銙2件、尖拱形銙3件、圆孔环銙8件，以及圆首长方形銙、带扣、铊尾各1件，共25件组成。也许它们并非一副玉带。但9个附环方銙引人注意，毫无疑问。这副玉带曾经使用过，是被一块块从皮带上剪下来的，有的还保留着原来的皮革，用金钉钉在一起。这副九环蹀躞玉带是因用带制度改革而被弃而不用？或许就是某个皇帝使用过的。

玉辗龙盘带　金装凤勒骢

唐人称雕琢玉器的工艺为“碾”，还是很普遍的。

玉带与服装配合穿戴，成为身份的标识。工艺精美的玉带本身也是一种艺术展示，狮纹白玉带锛就是如此。它与其他两副玉带和药物放置在一个银盒里，由方锛13件、圆首矩形锛1件（扣柄）、带扣1件、圆首矩形铊尾1件，总计16件组成。盒内墨书称：

碾文白玉纯方胯一具，一十六事并玦。

“胯”即“锛”。重要的是“碾”字，即指打磨雕琢玉器的工艺技术。碾文即碾纹，唐人用“碾”和“碾文”指称玉器的制作技术和纹样。从王光庭《奉和圣制送张说巡边》诗中“玉辗龙盘带，金装凤勒骢”来看，唐人称雕琢玉器的工艺为“碾”，还是很普遍的。

方锛、圆首矩形锛上面有俯卧式和行走姿的狮子纹样。唐代有

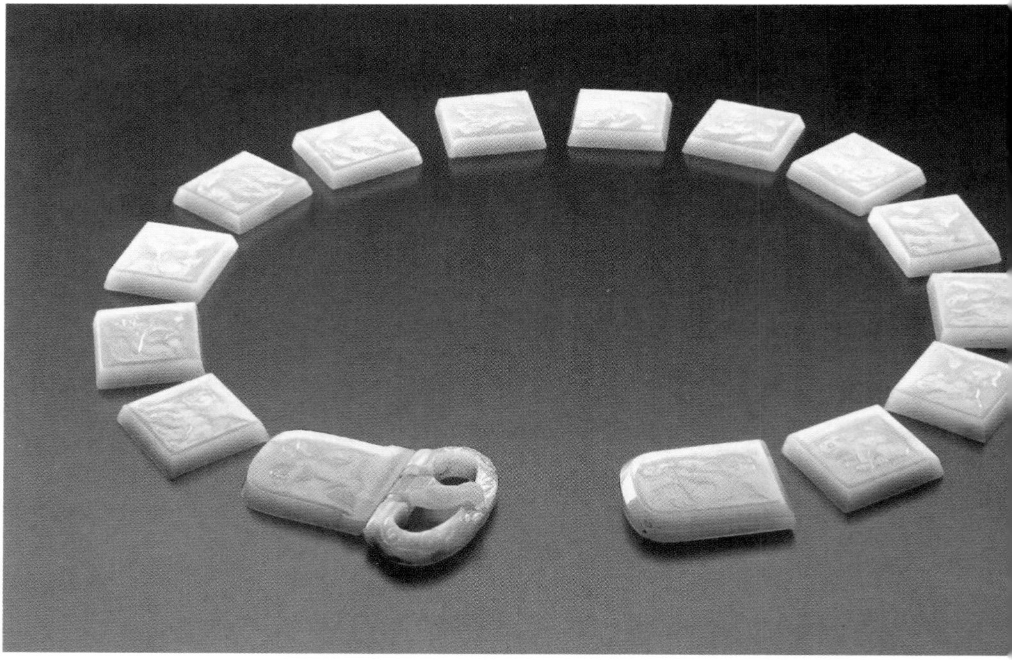

碾狮纹玉带

石雕狮子，还有三彩塑像，铜镜、丝织品纹样上也能见到狮子。这种并非出自中国的动物，多由西方诸国朝贡而来，据《册府元龟·外臣部·朝贡》载，康国、吐火罗国、拂林国、诃毗施国、波斯国、米国都遣使献过狮子。不难想象，远道而来的狮子只能豢养在皇家或宫廷内，很少有人见到。这副玉带应该是可出入禁宫临摹狮子的官府工匠制作。唐代少府下设掌冶署，“掌范熔金银铜铁及涂饰琉璃玉作”。只有这里的工匠，才可能雕琢出比较写实的狮子，并把狮子的俯卧、行走等各种姿态生动地刻画出来。制作狮子纹样，先雕琢出轮廓，再沿带銙边沿向内斜刻，将狮纹轮廓以外的空间剔地，凸出狮纹，然后刻划眼睛、鬃毛等细部。这种平面斜刻剔地的技法似为唐代玉雕所独有。

像玉带这种高级官员的用物，理应由官府作坊制作。不过首都长安城有些个体作坊也可以被雇佣制作玉带，他们甚至承担官府及皇室的需要。《新唐书·柳浑传》：

> 玉工为帝作带，误毁一銙，工不敢闻，私市它玉足之。及献，帝识不类，擿之，工人伏罪。

这位工匠为皇帝做玉带，不小心损毁了一块，虽然悄悄地做了替换，还是被皇帝看了出来。这个故事说明，长安城里有专业的制造玉器的工匠，他们甚至可以为皇帝制作玉带。

白玉臂环

唐人的贵贱观念中，玉第一，次为金。玉和金结合的臂环，此为仅见。

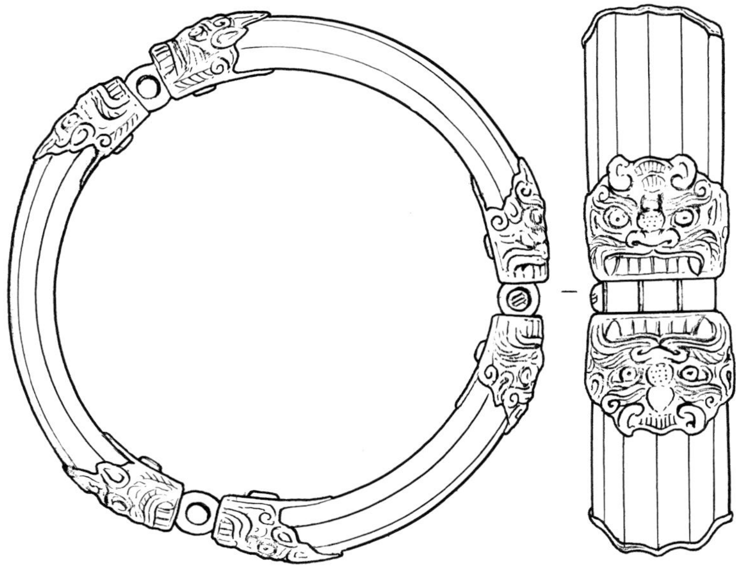

唐代没有“玉镯”的称呼。古代的“镯”字，按《说文·金饰》的解释：

镯，钲也。

是指一种金属打击乐器。

何家村的这两对看起来应该叫玉镯的器物，出土时装在莲瓣纹银罐内，银罐器盖墨书“玉臂环四”，可知如今说的镯子，在唐代被称作“臂环”。

宋代有传奇小说《杨太真外传》，说唐代宫廷中有女子谢阿蛮，乐舞技艺精湛，因唐玄宗梦作《凌波曲》，谢阿蛮为之配舞而名震宫中。杨贵妃对她极为赞许，将自己手臂上的臂环赠给谢阿蛮。

臂环也叫臂钏，唐诗中有“皓腕肥来银钏窄”、“腕摇金钏响”等诗句。

戴在腕上的饰品出现得很早，新石器时代的山东曲阜西夏侯遗址中，就有石环套于一女性腕部。而后不同时代的腕上饰品一直有发现。何家村遗宝中的两对玉臂环，用了三种不同材料质地，即相互映衬的黄金、白玉、宝石，凸显了当时女性饰品的富丽华贵，体现了当时社会的审美时尚。它由三段弧形白玉衔接而成，内壁平整光滑，外弧壁雕琢成凸棱，打磨抛光。一对臂环以鎏金铜合页将三段弧形玉连接起来，其中两段套合在一起不能打开，合页外侧制作成花朵形，中部花蕾突起，花蕾内镶嵌紫色宝石，四周花叶形框内原来也镶嵌有宝石，四角各嵌一个珠子。另一段弧形玉的两端与前两段弧形玉以鎏金铰链式合页轴相连，一为死扣，一为活扣，其轴可以抽出或插入，以便开启或关闭。两合页外缘均以兽首形鎏金铜包住，兽首相背，珠子镶嵌双眼，头顶各嵌一紫色宝石。另一对臂环是以金合页将三段弧形玉连接在一起，每段玉的两端均包以金片

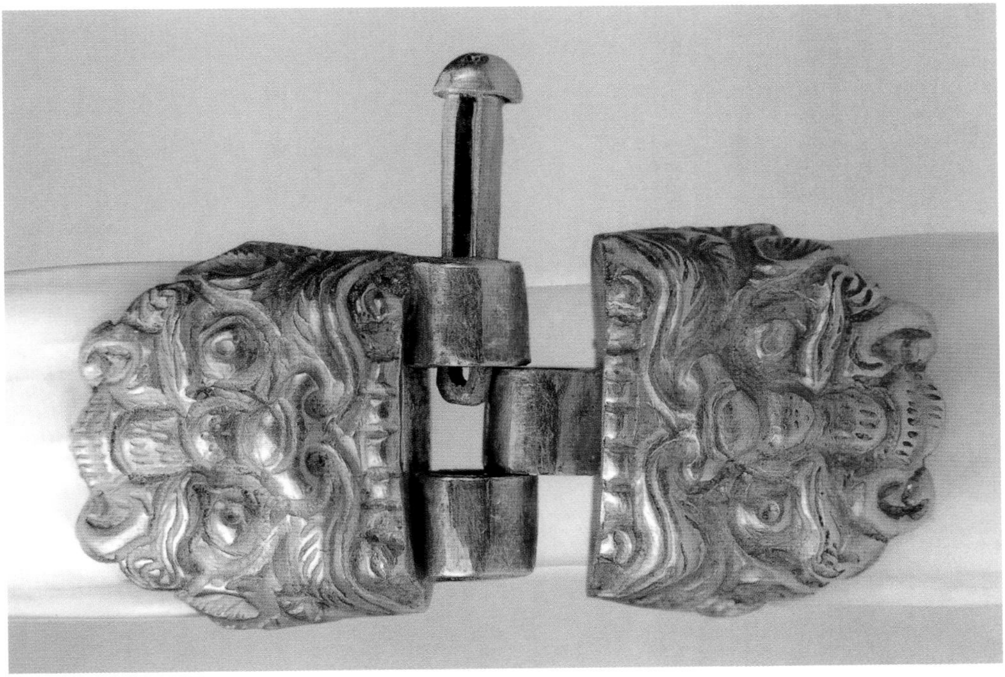

白玉臂环

锤揲錾刻而成的兽首形合页，可以自由活动，其中一处以金针为插销，通过灵活插入或拔出来关闭和开启，便于佩戴。

可以自由开启的三段式玉臂环，不仅玉质上乘，工艺精湛，设计构思也很巧妙。它利用黄金、白玉、珠宝三种不同的质地，色彩、光泽交相辉映，只有当时身份显贵的妇女才能佩戴如此精美的饰品。吴兢《贞观政要·求谏第四》曾载，

> 唐太宗问谏议大夫褚遂良曰："昔舜造漆器，禹雕其俎，当时谏舜、禹者十有余人。食器之间，何须苦谏？"遂良对曰："雕琢害农事，纂组伤女工。首创奢淫，危亡之渐。漆器不已，必金为之。金器不已，必玉为之。……"

可见唐人在谈到奢侈时，对器物质地的认识是玉第一，其次是金，再次是漆。最高贵的玉和金结合的臂环实为难得，迄今为止唐代遗物中还仅见何家村遗宝这几例。

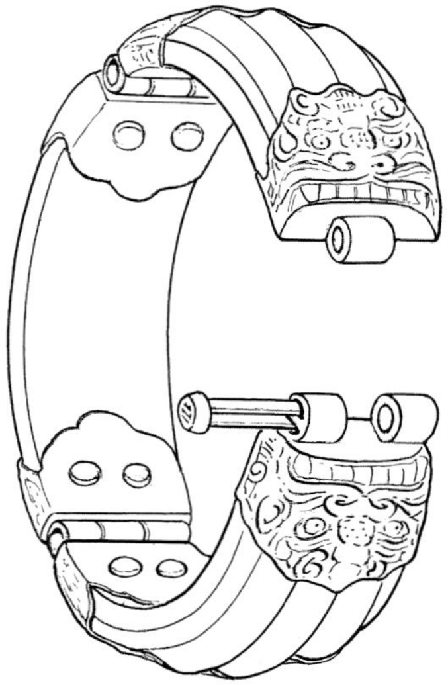

2 真金白银

仅具有文化意义的珍宝
作为『纪念币』的钱币
违反常理的鎏金现象
因罕有而成为藏品的厌胜钱?
庸调折『现』的证据
严格的入库检验记录
文献中的『金钱』实物
不再流通的『古币』

一次出土466枚钱币并不算多，但一次出土39类钱币却不多见。如此发现，仍属空前绝后。

仅具有文化意义的珍宝

它们和特定的历史、经济制度相联系，即使改朝换代、退出流通领域，仍常被收藏。

高昌吉利

不同时代的钱币聚集在一起，是何家村遗宝的特色之一。“高昌吉利”和“凉造新泉”，是两种罕见的货币。

“高昌吉利”厚重体大，比开元通宝重两三倍，仅一枚钱币即重达10克。这种钱币以往考古出土的实物极少，1928年考古学家黄文弼在新疆哈密吐鲁番发现一枚，1973年在吐鲁番阿斯塔那一座墓中出土一枚，由此可见，有明确出土地点的“高昌吉利”钱币极其珍贵。

何家村发现“高昌吉利”钱币之前，学界对这种钱币的年代和性质的认识均有争议，关于制造年代，有北魏说、隋说、唐说、五代十国说和元代说。由于有“吉利”二字，这种钱也被认为是吉语钱。还有研究认为，“吉利”是用汉语拼写的古突厥语，是“王”的意思，属于纪念货币的一种。

“高昌”二字很容易让人想到古代西北地区的高昌王朝，那是北魏太和二十一年（公元497年）麴嘉在吐鲁番建立的政权，贞观十四年（公元640年）被唐所灭，唐以其地为西州。公元9世纪中叶，回鹘人西迁北庭和西州，以高昌为中心建立了回鹘政权，史称高昌回鹘。高昌现在仍有古城遗址耸立，位置在新疆吐鲁番东南30公里。1973年，在吐鲁番阿斯塔那出土“高昌吉利”钱币的墓葬中，还发现贞观十六年（公元642年）墓志，故“高昌吉利”钱的铸造时间应早于这个时间。何家村的“高昌吉利”，似乎可以确证“高昌吉利”钱铸于麴氏高昌王朝。

关于“凉造新泉”，文献没有明确记载，后人认为是前凉张轨时所造[2]，是圆钱中最早的“国号钱”。这类钱币有少量传世，比较珍稀，明确的地下出土实物中，这枚属于首见。

货币由政府发行，不仅用比较珍贵的材料，还追求制作上的精美，具有一定的观赏性。即使改朝换代，由于曾与特定的历史、经济制度相联系，钱币在退出流通领域后，常被收藏，变成一种文物。考古发现的实物，有出土地点、环境、伴出器物，大者可以构建年代谱系，小者可以解读具体事件。何家村遗宝属于唐代窖藏，出有一枚“高昌吉利”和两枚“凉造新泉”，显然与唐代的经济流通无关，而只是具有文化意义的珍宝。

作为“纪念币”的钱币

它们并不直接流入市场。它们的出现背后，隐藏着的社会习俗、历史文化寓意，值得追寻。

银开元通宝

铸钱是国家大事，关系到国家的经济命脉，历朝历代都有颁布法令，严惩伪造假币、假钞之人。汉代私自造铜钱会在闹市被处死。宋代私铸货币会被判处死刑或流放。元代不仅伪造钞者会被处以死刑，而且使用假钞者也会受到处罚。唐朝的情况是，唐高祖在武德四年下令：

敢有盗铸者身死，家口配没。

处罚较为严厉，不仅本人要判死刑，而且会连累自己的家属籍没为奴婢。后来有所变化，《唐律疏议 · 杂律》规定：

诸私铸钱者流三千里，作具已备未铸者徒二年，作具未备者，杖一百。

刑罚大为减轻，私自铸造钱币处以最重的刑是三千里流放。铸造工具已经准备齐全但还没有铸造钱币的，处以两年徒刑。工具还没有准备齐全就案发的，打一百棍子。对不按国家的统一标准，制造钱币“薄小”，“取铜以求利者”，判处徒刑一年。

银开元通宝，类似于“纪念币”，其发行是政府行为。虽不流通，当时就可以收藏，具有储藏价值。这样的货币在现实生活中会衍生出其他功能，用在赏赐、节庆、占卜、厌胜等活动中。宋代文献谈到“娶妇”、“嫁娶”，总要说到用金银钱撒帐的习俗，有时会追溯到唐代。“撒帐”指在婚礼时撒掷物品让人捡拾，同时赞礼者诵念祝福的歌词。宋人洪遵《泉志》中记：唐中宗为了嫁荆山公主，特地铸造金银钱，用以撒帐，并敕令近臣及修文馆学士捡拾抛在地上的钱。那些离皇帝御坐最近的人获钱最多。其中银钱散包在绢帛中，金钱每十文即系一彩色绦线。学士都作诗庆贺。

何家村遗宝之外，考古中也曾发现银开元通宝，如洛阳开元二十六年（公元738年）李景由墓出土两枚，西安东郊韩森寨天宝四载（公元745年）墓出土两枚。后者的银开元通宝含放在墓主人口中。何家村遗宝中有银开元通宝421枚，制作规整、精致，字迹清晰，与铜开元通宝的优质版式相同。从表面痕迹观察，没有人工使用痕迹，似乎制作完成后一直存于库中。何家村遗宝中还有一枚两面都有“开元通宝”钱文的铜币，即双面开元通宝钱，极为罕见。目前还无法解释原因。

特殊钱币总与当时的重要事件有关，一出现就增添了其他意义，从而具有了收藏价值。银开元通宝、双面开元通宝不直接用于市场流通，它们背后隐藏着的社会习俗、历史文化的寓意，值得追寻。

违反常理的鎏金现象

流通的铜质货币，毫无必要鎏金。

王莽时期钱币制度混乱，25年中先后进行了四次币制变革，铸币6种28品，“货布”是其中之一。王莽时期的经济和货币改制是一种失败，然而品种繁多、样式奇特，甚至文字隽秀，引起了后世钱币收藏家的兴趣。何家村遗宝中出有6枚“货布”，这些“货布”很奇特，通体鎏金。流通的铜质钱币毫无必要鎏金，“货布”上违反常理的做法表明了这6枚钱币的特殊性。这种现象的出现有三种可能性，一是新莽时期铸造，被唐人收藏；二是唐人在原有的钱币上鎏金；三是重新仿制。仔细分析，这6枚鎏金货布尺寸，小于新莽时期的货布，重量仅12 ～ 13克，钱文漫漶不清。新莽至唐代，前后相差六七百年，莽钱的奇特精美，藏者得之不易，翻铸仿制用来雅赏品玩，也在情理之中。唐墓中也见到过制造精良的鎏金货布，还出土过鎏金的唐“乾封泉宝”。因而鎏金货布是唐人在传世的莽钱上鎏金，或是唐代的仿制品，这两种可能性都有。

货布

因罕有而成为藏品的厌胜钱?

它曾被误定为“永安五铢”，背后的四神纹饰是常见的祥瑞图案。

永安五男

“永安五男”铜钱，圆形方孔，面、背均铸有四出纹，背面饰有四神图案，通体鎏金。因钱文中有“永安”二字，曾被误定为北魏孝庄帝永安二年（公元529年）所造的“永安五铢”。但其重量达20克，与北魏“永安五铢”的基本特征不符。后来钱币文字又被释为“五男”，而不是“五铢”。“五男”的含义难以解释。这种钱币曾有传世品，背面的四神纹饰亦为常见的祥瑞图案，“永安五男”因而被推测为唐代所铸的厌胜钱，因其罕有而成为藏品。

庸调折“现”的证据

开元、天宝年间，政府规定，庸调应收的布帛可以折变成轻货，其中包括用金银折算。

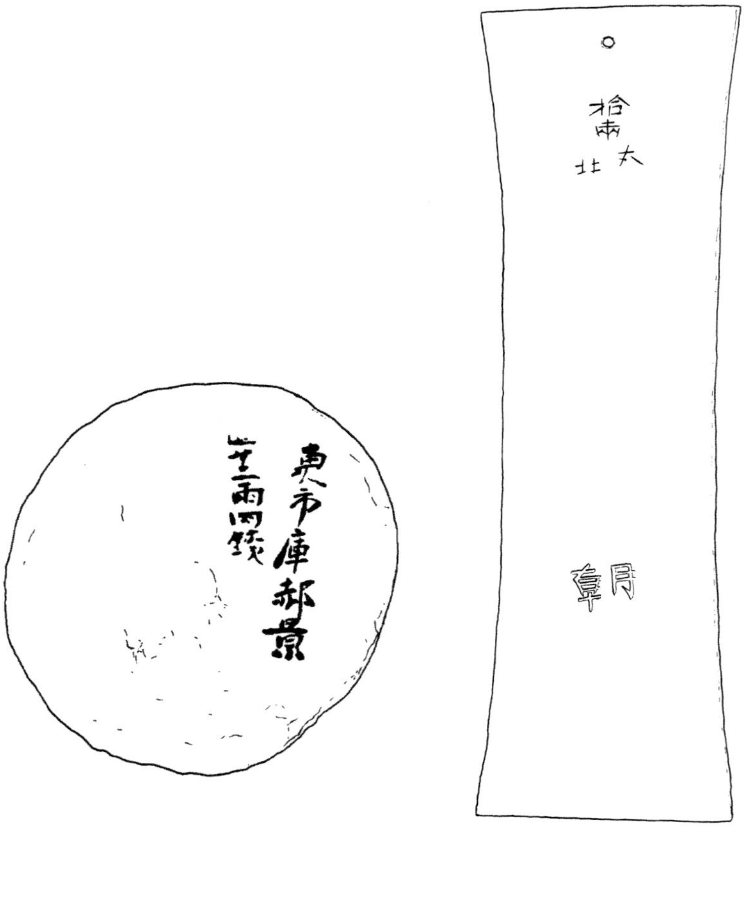

何家村遗宝中有银铤8枚、银饼22枚、银板60枚，是一次空前的发现。这类器物造型简单、表面粗糙，虽无艺术价值，却有重要的学术意义。有些器物上面錾刻或墨书文字，涉及年号、地区、赋役种类等等，尤为珍贵。唐代在公元780年前，以均田制为基础，实行租庸调制，“租”是每丁每年要向国家交纳的粮食；“庸”是人丁不为官府服役时，要缴纳的赋税；“调”是随乡土所产缴纳的土贡。庸、调原本皆为布帛，开元、天宝年间，政府又规定“凡金银宝货绫罗之属皆折庸调以造焉”，即可以把庸调应收的布帛等，折变成轻货运到京师国库，其中包括用金银折算。

金银是贵重物品，早在战国时期就作为货币使用，东吴时期金银货币开始出现“铤”的形式。据《唐六典·太府寺》中记载：

> 绢曰匹，布曰端，绵曰屯，丝曰绚，麻曰綟；金银曰铤，钱曰贯。

这些板也就是铤。何家村遗宝60枚银铤中，刻有“朝”字的达56枚，有的刻“十两太北”、“五两太北”等标重。在唐代，银矿开采要以银铤的形式缴税，庸调也可以折成银铤缴纳。在以往的考古发现中也能见到银铤，何家村遗宝中出土如此之多，超过了以往发现同类物品的总和，它们应该是上缴国家的庸调之物。

银饼上有“东市库”文字，为首次发现，正面墨书题写：“东市库、郝景、五十二两四钱。”东市是唐长安两市之一，唐朝政府设有京都市令、平准署令等官职，掌管市场贸易之事。东市库银饼可能即为东市平准之物。平准，就是政府为防止私商操纵市场、牟取暴利设立的机构，运用贵时抛售、贱时收买的方式，以求稳定市场价格。这里的“东市库”银饼也可能是邸店铸成银饼之税钱。

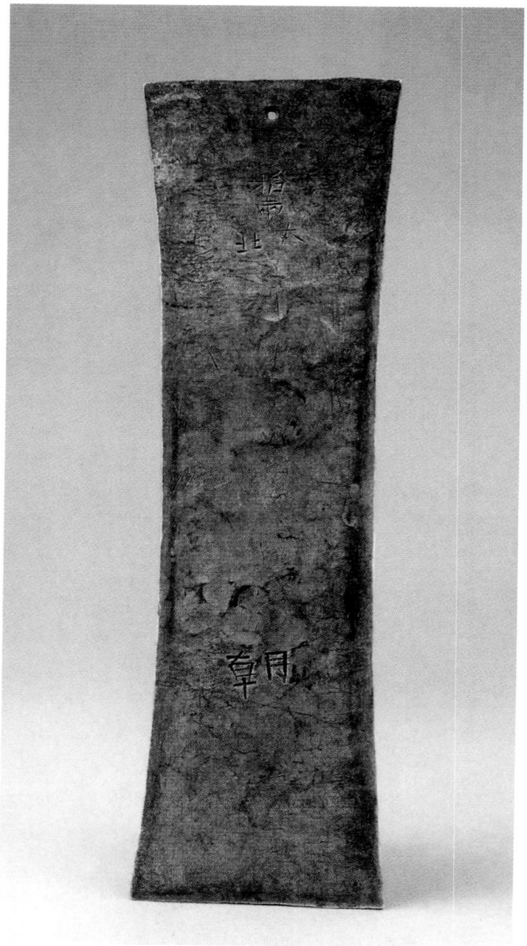

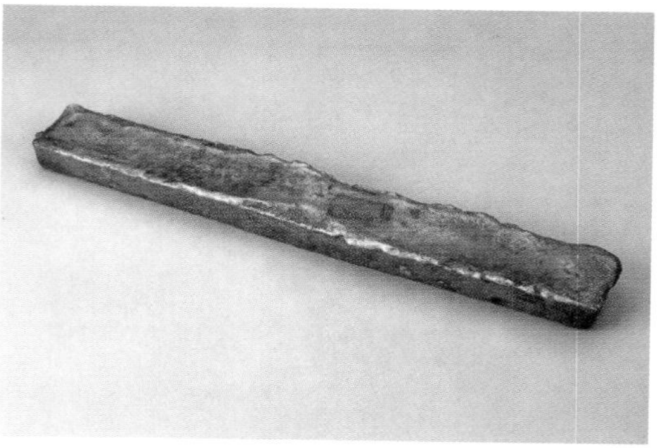

银铤和银饼

严格的入库检验记录

有趣的是，称量时发现不足，补加了一块，所以这块银饼左下侧留下了一圆形补疤。

“怀集”庸调银饼

何家村遗宝中有4枚很特别的银饼，它们均刻有文字。其中一件正面錾文“怀集县开十庸银拾两，专当官令王文乐、典陈友、匠高童”。还有两件錾文“洊安县开元十九年庸调银拾两，专知官彭崇嗣、典梁海、匠王定”。另一件錾文内容与之相同，仅末尾三字为“匠陈宾”。这是遗宝所有器物中带有明确纪年的物品，“开十”当为“开元十年”之省文，“开元十九年”即公元731年。这是首次发现明确的庸调银饼，也是目前唯一的发现。

“洊安”庸调银饼

银饼上的“洊安”、“怀集”是地名，怀集县故治即今广东怀集县，洊安县故治在今怀集县西，两者唐时属岭南道广州。岭南诸州是重要的产银、产贡之地。这些银饼就是当地的庸调折变为银、冶铸成饼、送交国库的赋银。《唐六典》卷二〇载：“凡天下赋调，先于输场简其合尺度斤两者，卿及御史监阅，然后纳于库藏。皆题以州县、年月，所以别粗良，辨新旧也。”怀集县、洊安县庸调银饼上錾刻的铭文，题以县名、纪年、来源、重量、负责官员及工匠的职务、姓名，以备考核查验，其格式、内容与文献记载一致。

有趣的是，“怀集”庸调银饼左下侧有一圆形补疤。上缴国库的银饼本身是钱财，必须验明成色和重量，但并不需要十分规整。补痕可能是缴税或入库前校订重量后发现不足，补加后留下的遗痕。可见进入国库前有严格的检验，不足要补齐重量。

文献中的“金钱”实物

具有艺术气质、爱时尚的唐玄宗皇帝，在位期间做出很多新奇的事情，著名的“金钱会”就是他发明的。

金“开元通宝”

元代有一出杂剧叫《金钱记》，主要情节是：刚参加完科举考试的才子韩翃，巧遇京兆府尹王辅的女儿柳眉儿。二人一见钟情。柳眉儿将所佩金钱故意遗落，让韩翃拾得。韩翃尾随其后进了王府后花园。王辅得知，令人将韩翃捆绑起来。这时文坛领袖、礼部侍郎兼集贤院学士贺知章闻讯赶到，声称韩翃是酒后失态，并劝王辅聘韩翃为门馆先生，教授公子王正。于是韩翃进入王府。王辅一次偶到韩翃住处，翻看韩翃的《易经》，不想那枚金钱从中掉出。王辅一看便知，这钱即是自己给女儿避邪驱恶的那枚御赐金钱。王辅大惊，终于查知女儿与韩翃的私情，又一次令人将韩翃捆绑起来。这时又是贺知章及时赶到，向王辅宣告皇帝召见中了状元的韩翃。状元韩翃游街显耀之时，又恰好接到了王府小姐柳眉儿抛下的绣球。最后翰林学士李白代表皇帝，给韩翃、柳眉儿主婚，有情人终成眷属。“这都是五十文开元通宝，成就了美夫妻三月桃夭。”此剧纯属虚构，但唐代有金钱之事不虚。

具有艺术气质、爱时尚的唐玄宗皇帝，在位期间做过很多新奇的事情，著名的“金钱会”就是他发明的。过程是这样的：皇帝在宫城承天门上陈乐设宴招待臣属，其间要向楼下抛撒金钱作赏赐，允许中书门下五品以上官及诸司三品以上官争抢。其热闹的场景，在顾况的《宫词五首》中描述为：“九重天乐降神仙，步舞分行踏锦筵。嘈杂一声钟鼓歇，万人楼下拾金钱。”张祜《退宫人》诗中写道：“长说承天门上宴，百官楼下拾金钱。”可以想象，穿着不同颜色品级官服的唐代“官僚”，与“万人”在城楼下争抢金灿灿的钱币，整个现场充斥着绚烂的色彩和嘈杂的声音。能够参加皇帝的盛宴，对百官是一种莫大的荣耀，可五品以上高官贵族，却要满地争抢金钱，成何体统？这一盛况也暗含难堪之色。

“金钱”是什么样的？早年在洛阳涧西唐墓中曾发现鎏金开元通宝，但真正的金钱首次露面是在何家村遗宝中，共出土30枚。这些金钱仿照铜开元通宝的优质版式，直径2.14～2.5、厚0.15厘米，重6.6～8.36克。正面楷书“开元通宝”，背面没有文字。其中的5枚作了测试分析，含金量分别是81.6%、88.12%、90.64%、91.44%、94.36%，不像是一次制造的。

金开元通宝出土时存放在一件银盒里，盒内还有药品、饰品等，所有物品的名字都书写在盒盖的内、外壁上。提到金钱时写道：“真黄钱卅。”墨书文字与实物对照，得知唐人将金质“开元通宝”称为“真黄钱”。文献中的金钱，没有直接说是“真黄钱”或金“开元通宝”，不过当时开元通宝可称为“钱”，“真黄钱”应该是俗称。

“金钱”尽管价值更高，却不是流通货币，用途特别。宫中粉黛为排遣孤闷，经常玩抛掷“金钱”的游戏，有时还吸引了皇帝参与。《岁时广记》引《开元别纪》载：

> 明皇与贵妃在花萼楼下，以金钱远近为限赛，其无掷于地者，以金觥赏之。

游戏有规则，赢者能获得珍贵的金觥为奖赏。

唐代宫廷内还有一种“洗儿”习俗，即婴儿生下三天后或满月时要替其洗身，此时客人要馈赠金银钱。《金銮密记》中讲，唐昭宗之女诞生三日，

> 赐洗儿果子、金银钱、银叶坐子、金银铤子。

还有一个故事，发动安史之乱的头目安禄山小时候失去了父亲，后来被幽州节度使张守珪收为义子，发迹后获唐玄宗的宠信，安禄山请求当了杨贵妃的养子。《安禄山事迹》载：

（安）禄山生日，上及贵妃赐衣服、宝器、酒馔甚厚。后三日，召禄山入禁中，贵妃以锦绣为大襁褓，裹禄山，使宫人以彩舆舁之。上闻后宫欢矣，问其故，左右以贵妃三日洗禄儿对。上自往观之。喜，赐贵妃洗儿金银钱。

唐代宫中甚至还有过“投金钱赌寝”的奇特事：

明皇未得妃子，宫中嫔妃辈投金钱赌侍帝寝，以亲者为胜。召入妃子，遂罢此戏。

不再流通的“古币”

它们是何家村遗宝多种钱币中年代最早的，但本应被废除甚至被销毁。

京一釿

“京一釿”铜平首布的“京”为古地名，“釿”是春秋战国时期的重量单位。战国早、中期，魏国主要铸行“釿”的平首布，币值有二釿、一釿、半釿等。“一釿”平首布出土多见。

“节墨之法化”就钱币本身来说，并无特别之处。耐人寻味的是，这种早期钱币出在唐代遗迹中。“节墨”是春秋时期齐都邑名，“法化”为标准铸币、法定货币之义。齐国前期，有临淄铸造的“齐之法化”和节墨、安阳、谭邦等各大城邑的铸币，币文不统一，地名和法化之间有“之”字。战国时，齐国将币文统一为“齐法化”。“节墨之法化”刀币存世不算多，比较珍贵。

“京一釿”、“节墨之法化”在唐代已经属于古币，也是何家村遗宝多种钱币中年代最早的，它们早已丧失流通属性。货币是一种可以反复重铸的消耗品，特别是改朝换代或者重要经济政策出台之时，原有的货币可能被废除甚至被销毁。但由于古代厚葬之风盛行以及突发事件掩藏财宝，这些钱币会在后代被发现。

39类钱币遗宝中，还有相对少见的三国刘备时的“直百”、“直百五铢”，孙权时的“大泉当千”，前凉的“凉造新泉”，南朝陈宣帝时的“太货六铢”，北齐文宣帝时的“常平五铢”，北周武帝时的“五行大布”和静帝时的“永通万国”等。能否这样推测：在票号、银行出现之前，中央官府需要保留各个朝代钱币的样品。这些古币虽然失去了法定的使用价值，却延续着曾经有过的文化价值。

节墨之法化

3 错彩镂金

金银为食器可得不死
腕足齐行拜两膝
愿作鸳鸯不羡仙
尚未完成的杰作
不一致的称重记录
可以免罪的进奉金银器
龙凤之瑞　天下太平
长生不老丹药的盛具
唐代最美的器物之一
富丽堂皇的唐代艺术之美
盛以翠樽　酌以雕觞
奢华的沃盥之具
瑞兽神器
脱离传统　创意十足
不一般的熊
前望舒使先驱兮　后飞廉使奔属
肌肤已坏　而香囊仍在
女为悦己者容
普通器物上的珍贵文字

唐人为什么以极大的智慧、热情来制作这些奢华的器物？其动力之一或许是对黄金的神秘幻想与精神崇拜。

金银为食器可得不死

中国传统文化中有“长生之术”，其中以金银为食器可得不死的观念普遍流行。

如果说，认识唐代金银器需要通过一扇神秘的大门，鸳鸯莲瓣纹金碗就是打开大门的钥匙。何家村遗宝中有两件金碗，纹饰造型相同，碗的内壁分别墨书“九两半”、“九两三”。金碗将金银工艺最常见、也是最重要的锤揲、錾刻两种工艺发挥到了极致，是唐代工艺最高水平的代表。

金碗通体锤揲成型，造型取自莲花。莲瓣分上下两层，每一层10个，重重叠叠，巧妙地将金碗幻化成一朵盛开的莲花。锤揲工艺令碗壁略有凹凸起伏，摆脱了平板单调。

外壁每个莲瓣内，用多层次、高密度的手法錾刻纹样，繁杂而有序。莲瓣用对卷的忍冬纹合抱，上层莲瓣的空间内，清晰准确地錾刻出鹿、兔子、鸳鸯和鸿雁，或撒蹄奔走，或伫立凝望，或闲弄花草，或梳理羽毛，动静有异，栩栩如生。下层每一个莲瓣里均錾刻卷草和如意云头。

唐人为什么以极大的智慧、热情来制作这样奢华的器物？其动力之一或许是对黄金的神秘幻想与精神崇拜。中国传统文化中有一种“长生之术”，《太平御览 · 珍宝部》银条云：

鸳鸯莲瓣纹金碗

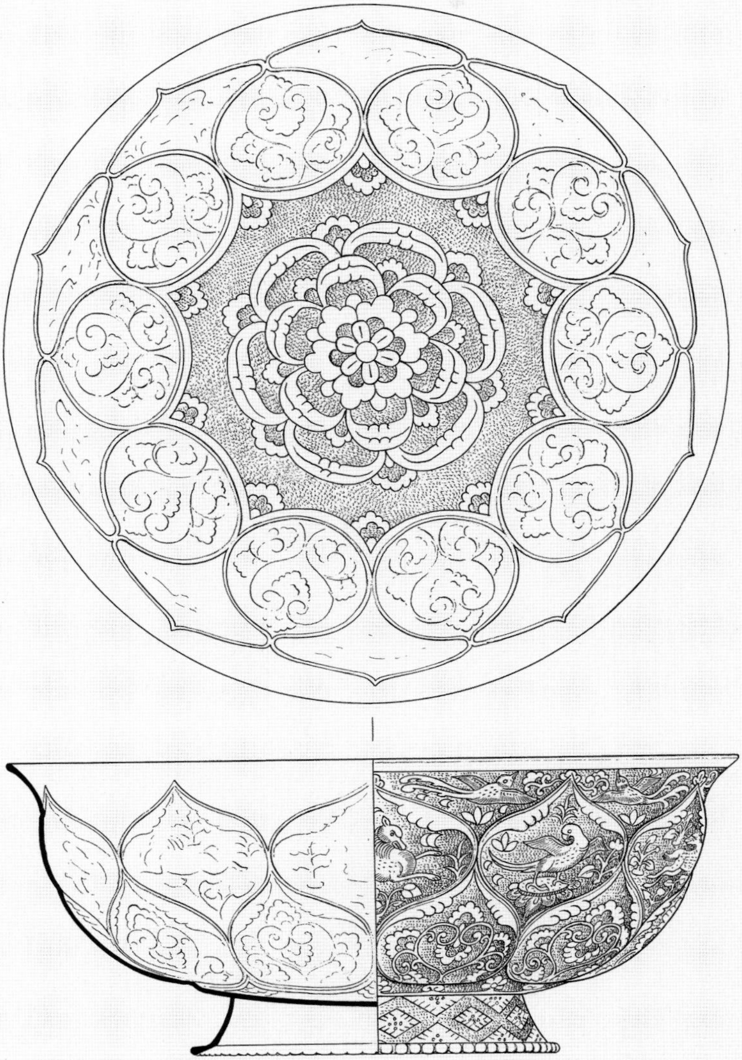

> 武德中，方术人师市奴合金银并成，上（李渊）异之，以示侍臣。封德彝进曰："汉代方士及刘安等皆学术，唯苦黄白不成，金银为食器，可得不死。"

《旧唐书·李德裕传》载，唐敬宗时的名臣李德裕曾劝说皇帝李湛：

> 臣又闻前代帝王，虽好方士，未有服其药者。故《汉书》称黄金可成，以为饮食器则益寿。

金银为食器，可得不死或可益寿，这种观念普遍流行，金银器皿便迎合了帝王和高级贵族的喜好。而之所以能制作得如此精美，则是因为唐代黄金原料珍贵，工艺复杂，开设金银手工业作坊需要强大经济实力支撑，因此唐代前期，金银器制作基本由中央政府和皇室垄断。唐代少府监中尚署直接管辖的"金银作坊院"，就是专业性极强的官方机构。工匠必须经过长期培养，才能具备高超的技艺。《新唐书·百官志》少府条记载：

> 钿镂之工，教以四年。

就是说，要学会制作精细复杂的金银器等，学徒要花很长的时间。这两件金碗如此精美绝伦，自然是由中央官府管控的金银作坊院制作。西安西郊也曾出土一件刻有"宣徽酒坊……地字号"等文字的银壶，陕西耀县柳林背阴村也出土一件外底刻"宣徽酒坊宇字号"的银碗。"宣徽"指唐代的宣徽院，由宦官管理，负责郊祀、宴飨、供帐等。"地字号"、"宇字号"等应是整套器物中的编号，说明他们属于宫廷宴飨所用的器物。但这两件器物与何家村金碗相比，还是稍显逊色。

经实测，一件金碗重391克，就唐代纯金的器皿来说，超过它大小重量的还未见到。由官府作坊承担，不计成本为皇室打造金银器具，也因此才会生产出鸳鸯莲瓣纹金碗这样高超的作品。

唐代前期，金器的使用范围甚小，《唐律疏议·杂律》中有明文规定：

> 一品以下，食器不得用纯金、纯玉。

最精美的金器除了供皇室宫廷使用，贵族和官吏只能通过赏赐等途径获得，官府作坊的产品原则上不会流入市场。这两件技艺高超、富丽华美的金碗，似乎暗示，何家村遗宝的主人应是中央官府甚或皇室。

早在公元前6世纪，地中海沿岸的希腊罗马地区就能见到锤揲而成的凹凸起伏的多瓣装饰的器物。后来的西亚和中亚的金银器上也流行这种风格。这两件金碗，虽然吸收利用了西方金银器的工艺技术，却加入了自己的想象，莲瓣虽有起伏，却含蓄而不夸张，线条更加柔和流畅。花瓣中间安排的动物、花草，又都是唐代非常流行的，体现了中西文化的交流融合中唐人的创新。

舞马衔杯银壶

腕足齐行拜两膝

舞马衔杯献寿，在唐代确有其事。

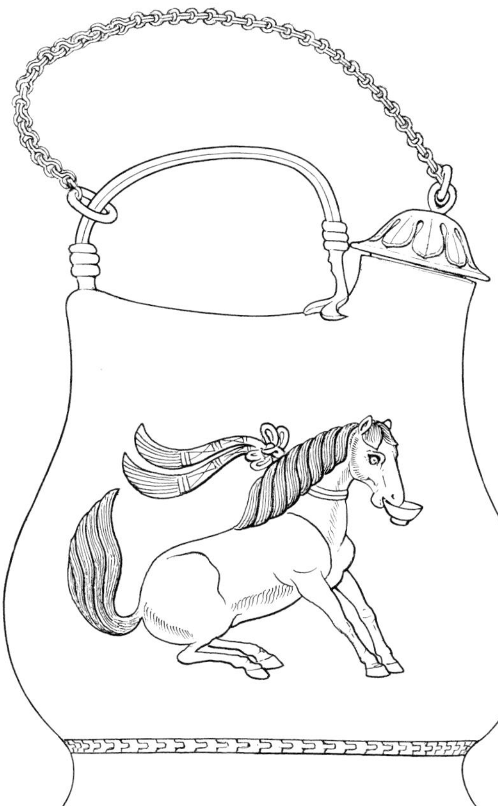

玄宗李隆基是唐朝在位时间最长的皇帝，在位44年，他曾把国家带入稳定和繁荣，最终又引向灾难。这个争议颇多的帝王，对宫廷生活有很多发明创造，舞马祝寿，便是玄宗皇帝时特有的场景。

舞马衔杯银壶上的纹样只有马，别无陪衬。马独立入画的作品并不多见，奇特的是，还特意将马塑造成蹲姿，前肢蹦直，后肢弯曲，完全不是战马的形象，也与通常表现交通运输的马不同。这一姿势也与马的习性全然不符。虽然形态别样，却又十分自然，必有特殊寓意。仔细观察，口中竟叼着一只杯。

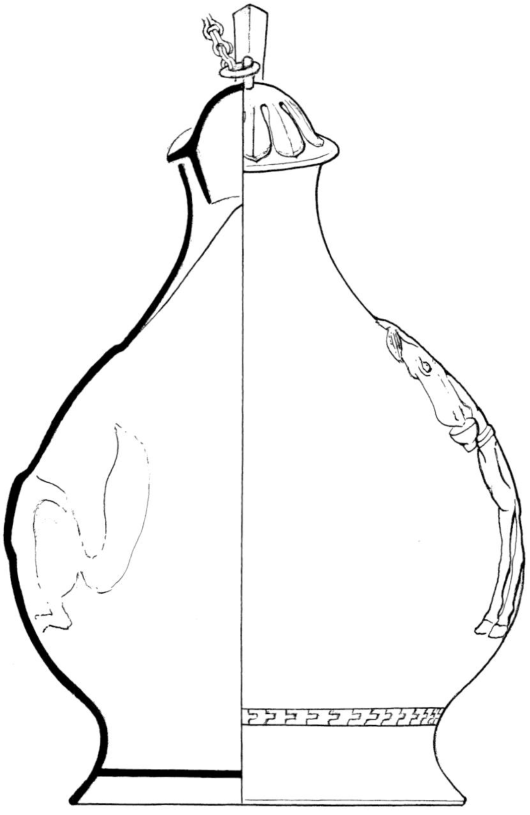

原来这是特殊的舞马。马可以衔杯跳舞，在唐代确有其事。史载，唐玄宗时期，驯师从塞外得来的善马中精心挑选，经过反复教习，调驯出能够高妙地进行表演的马四百匹，并给它们取上各种名字。每年八月五日玄宗生日，即当时法定的“千秋节”时，在兴庆宫的勤政楼下举行盛大庆典祝寿活动，这些舞马纹绣彩衣，金银配饰，装束相当讲究。它们表演的著名的节目叫作《倾杯乐》，即选宫廷内姿貌美秀的少年乐工立于左右，马伴随着音乐的节拍翩翩起舞，奔腾旋转，腾空跳跃。最后的高潮时舞马跃上高高的板床，壮士们把床板和马一起高举，舞马衔着酒杯给玄宗敬酒祝寿，随后舞马也喝酒醉倒。

舞马衔杯祝寿，是庆典活动中的兴奋点，故有许多对舞马表演的描写。被誉为“燕许大手笔”的宰相张说就写过：

屈膝衔杯赴节，倾心献寿无疆。……
足踏天庭鼓舞，心将帝乐踌躇。

而其中《舞马千秋万岁乐府词三首》之一最为写实：

圣皇至德与天齐，天马来仪自海西。腕足齐行拜两膝，繁骄不进踏千蹄。髬髵奋鬣时蹲踏，鼓怒骧身忽上跻。更有衔杯终宴曲，垂头掉尾醉如泥。

以往读到此类诗，祝寿文辞易懂，舞马衔杯难解。如果把张说的诗与何家村的舞马衔杯银壶对比，简直是恰到好处。银壶上的舞马正做着“腕足齐行拜两膝”的姿态，与诗文描述的完全一致，在“衔杯终宴曲”之时略有垂头，如泥之醉态。张说是当时多次亲睹舞马祝寿场面的人，他的描写像是对舞马衔杯银壶最恰当的诠释，或者

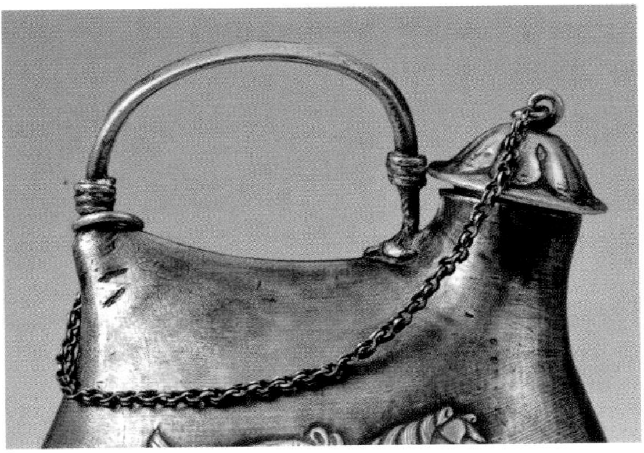

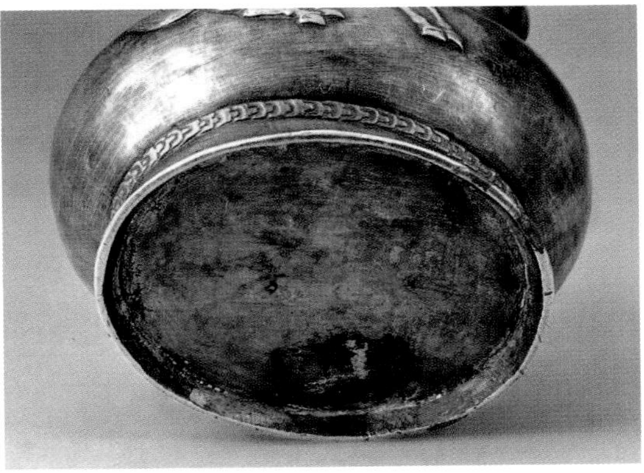

说银壶上的舞马衔杯像是对张说诗的图解。

遗憾的是，这些精心调教的宫廷舞马命运不佳。天宝十四载（公元755年），“安史之乱”爆发，玄宗仓皇西逃。曾见过舞马祝寿的安禄山，将数十匹舞马掠至范阳（今河北涿州）军中。安禄山败亡后，舞马又为其部将田承嗣所得。一日，田承嗣军中设宴，高奏乐曲，这些舞马闻乐而舞。田承嗣不识舞马，以为马中了妖邪，命军士鞭挞，而舞马却以为自己舞得不好，愈发舞得起劲，结果招来更狠的鞭打，直至倒地死去。

这件舞马衔杯银壶不仅真实地再现了唐代宫廷生活的一瞥，艺术上也极为成功。器物不大，通高14.8、腹长11.1、宽9厘米，重549克，与其说实用，不如说主要是用来观赏的。工艺手法是锤揲和錾刻结合，先用锤揲工艺，由里向外锤出马的轮廓，马形凸出于器表。马的造型准确，五官清楚，骨骼明晰，肌肉匀停。鬃、尾和颈部飘逸的丝带用錾刻技术进行细部加工，线条清晰流畅。最后将马通体鎏金。壶身经过抛光处理，与两面浮雕式的鎏金舞马，黄白辉映，灿烂夺目。

舞马衔杯银壶还做成扁圆形，圈足与壶身通体锤击成型，壶底从里面与壶身焊接。上方有竖筒状小口，壶盖帽为覆莲瓣，顶中心有一个银环，套接银链，与提梁相连，壶肩部带弓状提梁，带有游牧民族使用的皮囊壶的特色。

就艺术效果来看，马的身躯健硕，跃跃欲动，富有立体感，加上上扬的马尾、飘拂的鬃毛、飞扬的绶带，舞姿更是充满动感。这灵动可爱的舞马，以人性化、人情味的方式，表现了马与人的关系。当年宫廷盛会收获众多掌声赞美的舞马衔杯祝寿的场景，随着战乱，从中国历史上销声匿迹了，诗歌、文物却重新唤起了人们的记忆。

愿作鸳鸯不羡仙

隐隐约约的线条连缀起来，盒面中心呈现出一对鸳鸯，口衔菱形绶带，站于莲蓬之上。

这件银盒乍一看似为素面，与其他纹样华丽的银盒相比，并不突出。但后来经仔细辨认，盒上的刮痕却是模糊的图案，把那些隐隐约约的线条连缀起来，盒面中心呈现出一对鸳鸯，口衔菱形绶带，站于莲蓬之上。鸳鸯的上、下还各有一组莲花，一花二叶，呈半合抱状。盒盖、盒身侧面为流云卷草纹。整体纹样令人想到卢照邻《长安古意》中的描述：

> 愿作鸳鸯不羡仙，比目鸳鸯真可羡。

晋崔豹《古今注》称：

> 鸳鸯，水鸟，凫类也。雌雄未尝相离，人得其一，则其一思而死，故谓之匹鸟也。

鸳鸯成为常见的图像题材开始于唐代，人们对鸳鸯的认识也更进一步，并将鸳鸯引申为夫妻恩爱，爱情坚贞。

> 梧桐相待老，鸳鸯会双死。贞女贵徇夫，舍生亦如此。（孟郊《列女操》）

线刻鸳鸯纹银盒

与君便是鸳鸯侣，休向人间觅往还。(温庭筠《偶游》)

鸳鸯交颈期千岁，琴瑟谐和愿百年。(李郢《为妻作生日寄意》)

都用来比喻情意相投的男女，或是生死相依的夫妇。

鸳鸯既然表达了生死相连的寓意，与之配合的纹样常常是“莲”。南朝女文学家鲍令晖有：

下有并根藕，上生同心莲。

唐徐彦伯《相和歌辞·采莲曲》则说：

既觅同心侣，复采同心莲。

喻意更加明确。

这件银盒要表现鸳鸯与莲结合的纹样，工匠十分认真谨慎，图案在没有正式錾刻前，先用线刻画出肉眼极难辨认的纤细的起稿线，但不知何故放弃了后续制作。盒盖内面墨书“合重卅六两，盛次光明沙廿一两，虎魄十段”的字样，看来器物纹样虽未完成，却已经作为成品使用了。

起稿线这一细节透露出难得的信息。何家村还有一件鎏金线刻飞廉纹银盒，过去被误以为金盒，经仔细观察，上面有浅细线刻的飞廉等纹样轮廓，从而不仅知道了这是件未完成的作品，还知道它原来是通体鎏金的银器，而且从中可了解到唐代有些银器有先鎏金后錾刻的制作程序。

尚未完成的杰作

这又是一件未完成的作品？如此精细的器物，很难说是工匠制作时偷工减料。可为什么差一点就最后完成，却轻易放弃了？

孔雀纹银方盒极其复杂精细。盒身用银片打制，各片相接处焊接，口沿用四根银条垫在盒口内壁，用铆钉固定，与盝顶形盒盖构成子母口扣合。盒的背面有两个活页，将盒盖与盒身连接。方盒除了底，各面均有繁复细密的纹样，基本上是左右对称布局。正面主题是孔雀，周围花鸟、山峰、流云陪衬。背面的主题是莲花，萱草花卉禽鸟陪衬。左面主题是两凤鸟，右面主题是两童子。四个画面都把人物、风景、花鸟巧妙地结合起来，具有浓郁的自然气息。从纹样制作顺序上看，是先刻划出边框轮廓，然后錾或刻出主题纹饰的轮廓线，然后錾补细部，空白处錾刻鱼子纹作填补。

孔雀纹银方盒

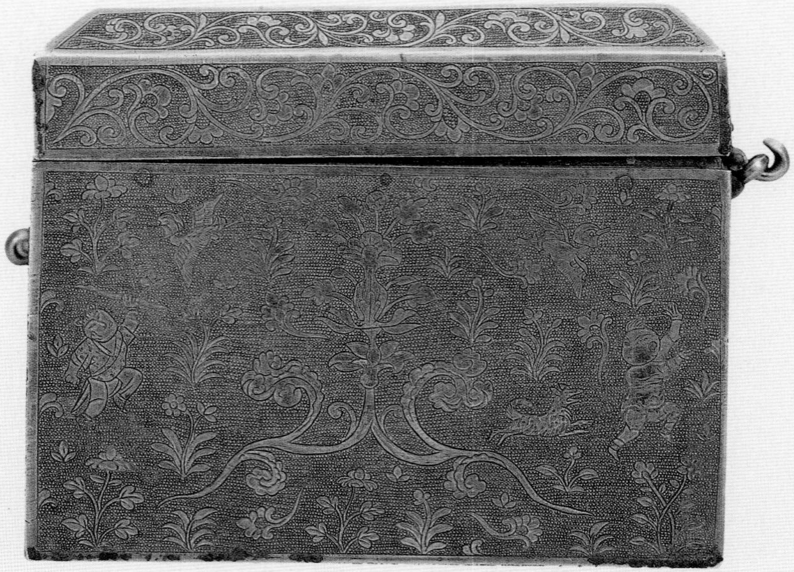

考古发现的金银盝顶方盒，大多出土于佛教寺院的地宫中，如最著名的陕西扶风法门寺唐代地宫出土的一套宝函，层层套装，用于珍藏佛骨舍利。方盒在普通生活中也会用到，唐高祖献陵房陵公主墓壁画中有一幅《捧盒仕女图》，仕女手中捧的方盒，其造型与何家村的银方盒一样。

这也是一件令人疑惑的器物。首先它尚未完成却已被使用。但很长一段时间，都未有人发现它尚未完成。2004年北京大学赛克勒考古与艺术博物馆10周年馆庆，与陕西历史博物馆首次共同举办何家村遗宝的专题展览。展览准备过程中，专门聘请了山西考古研究所的李夏廷测绘了精美而准确的线图。测绘时，通过放大镜观察，发现正面有完全对称、几乎一模一样、只是方向相反的孔雀，左侧孔雀的腹部未錾刻出羽毛，足部踩踏的莲蓬也没有錾刻出莲子，而右侧孔雀的腹部錾刻出细腻的羽毛，莲蓬錾刻出了莲子。这又是一件未完成的作品？如此精细的器物，很难说是工匠制作时偷工减料。可为什么差一点就最后完成，却轻易放弃了？银方盒内壁有一些斑痕，外壁前面及后面垫片附近发黑，显然已经使用过了。为什么尚未完工就投入使用？目前还无法解释。

其次，盒通高10厘米，通长12厘米，算得上小巧精致。可盒盖正面正中与盒身之间有活页锁鼻，用铆钉固定。如此小巧的银盒加锁，当然不是防盗，应该是用于家内隐私，盛装贵重物品的。此外何家村遗宝中还出土了17把小银锁，全部器物中却没有这么多需要加锁的对应物。为什么存在这么多银锁？它们不像是一个家庭的用品。

不一致的称重记录

器物入库前要仔细称量，防止以假换真、以新代旧。

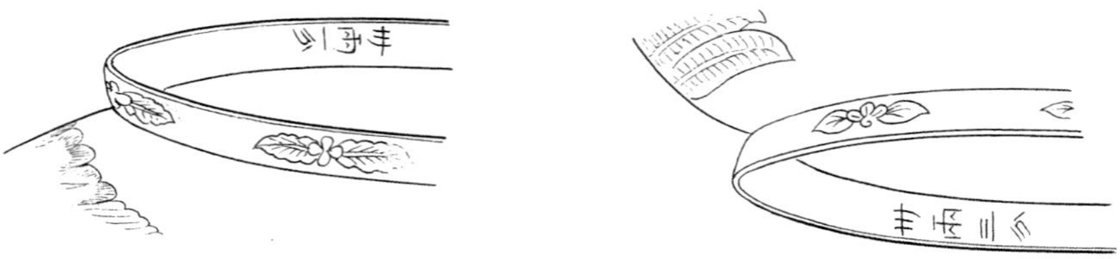

碗通常没有盖，唐代带盖碗也不算多见。鎏金小簇花纹银盖碗、鎏金折枝花纹银盖碗的碗盖如同一个倒扣的碗，只是略浅、稍大，沿下折成子母口和下面的碗体扣合。银盖碗一定是当时的高级用品。《安禄山事迹》中记载，唐玄宗赏赐安禄山的物品有“金花大银盆二，金花银双丝平二，金镀银盖碗二……”，特别提到了“银盖碗”。

鎏金小簇花纹银盖碗的碗内底墨书“卅两并盖”，盖内墨书“卅两并底”，说明盖和碗是一个整体，密不可分。奇怪的是，碗底足内沿还刻“卅两三分”，盖内沿刻“卅两一分”字样。墨书和刻文的重量不一致。银器的称重与标重是非常严肃认真的行为，涉及器物本身的价值，不可马虎。不一致的现象为什么会出现？是否可以这样理解，两次称重的时间不同，即刻文是器物制作时刻上的重量，墨

书是后来实测的重量。可是刻文的碗底刻“卅两三分”，盖内沿刻“卅两一分”，也不一样，又是为什么？如果仔细观察器物，会发现，这件碗的碗盖与碗体扣合不紧密，与何家村其他器物器体与器盖严丝合缝有别，因此很可能原来并非一套，后来拼合在一起时再称重量，并用墨书标记。这些称重文字不仅是研究唐代衡制的重要资料，也暗示出器物入库前要仔细称量，防止以假换真、以新代旧。

这件碗，其重要性还在于碗上的花纹。盖和碗有六组折枝花，花和叶肥大，间隔处空白无纹，这是中晚唐流行的做法。另一件大小相仿的鎏金折枝花纹银盖碗，碗盖花纹器物腹部刻折枝串花六株，串花形似葡萄石榴。根据花纹特点，这两件器物应是公元8世纪中叶以后的唐德宗时期制造的，这种可能性很大。

鎏金小簇花纹银盖碗

可以免罪的进奉金银器

进奉如此精美的银盘，既是官场的风尚，也有买官邀宠之嫌，甚至还可以免罪。

鎏金折枝花纹银盖碗的盖内有“二斤一两并底”、碗内底有“二斤一两并盖”墨书，圈足内沿錾刻“进”字。“进”字錾文令人深思。唐代有地方官向皇帝进奉金银器之事，唐玄宗以后兴盛，每逢元旦、冬至、端午和皇帝生日，地方官都要进献财物，这也是一些人买官升迁、行贿邀宠的手段。进奉物品的种类繁多，金银为重要内容。进奉者为了加深皇帝的印象，常将金银加工成精美器物，使之兼财富、实用和艺术为一体，来取悦帝王。考古发现有不少更为明确的进奉金银器，如陕西西安南郊西北工业大学窖藏出土圆形银盘，底刻：

朝议大夫使持节都督洪州诸军事守洪州刺史兼御史中丞充江南西道观察处置都团练守捉及莫徭等使赐紫金鱼袋臣李勉奉进。

辽宁昭乌达盟喀喇沁旗哈达沟门出土葵花形银盘，底刻：

朝议大夫使持节宣州诸军事守宣州刺史兼御史中丞充宣歙池等州都团练观察处置采石军等使彭城县开国男赐紫金鱼袋臣刘赞进。

陕西西安北郊坑底村出土葵花形银盘，底刻：

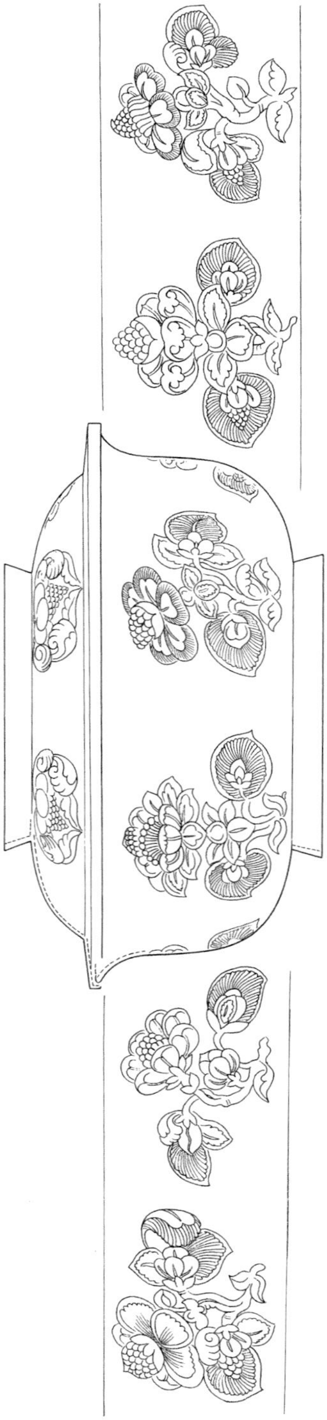

浙东督团练观察处置等使大中大夫守越东刺史御史大夫上柱国赐紫金鱼袋臣裴肃。

陕西耀县柳林背阴村出土葵花形银盘，底刻：

盐铁使臣敬晦进十二。

陕西蓝田杨家沟出土葵花形银盘，圈足内刻：

桂管臣李杆进。

从文字刻铭可知，李勉、刘赞、裴肃、敬晦等都是地方官，进奉如此精美的银盘，既是官场的风尚，也有买官邀宠之嫌。

《旧唐书·齐映传》：

映常以顷为相辅，无大过而罢，冀其复入用，乃掊敛贡奉，及大为金银器以希旨。先是，银瓶高者五尺余，李兼为江西观察使，乃进六尺者。至是，因帝诞日端午，映为瓶高八尺者以献。

齐映官至宰相，后被贬为地方官，又重新得宠，与其不断进奉财物有关。他花费心机敬献的高八尺的大银瓶，超过以往任何人的作品。竞相攀比导致器物越制越精。《新唐书·李绛传》载：

（元和时）襄阳裴均违诏书，献银壶瓮数百具，绛请归之度支，示天下以信。帝可奏，仍赦均罪。

靠进献金银器还可以免罪。

鎏金折枝花纹银盖碗

龙凤之瑞　天下太平

古人认为，龙凤之瑞自应天命，若能施惠百姓，就能使天下太平。

龙、凤是中国的祥瑞之兽，它们同时出现在一件器物上难能可贵。凤在碗心居上，龙在足底居下，全部錾刻，十分细腻流畅，像是在纸上挥笔而就。碗的外壁以葡萄、卷草缠绕，其间有鹦鹉、奔狮，所有花纹都衬以鱼子纹地。

龙的形象在不同时代风格不同。早期像蛇，又像鳄鱼，甚至像猪，如新石器时代红山文化的玉猪龙、渭水流域彩陶瓶上的龙，龙山时代陶寺遗址的陶壶、陶盘上的龙等。这些最早的龙，类似蜥蜴、鳄鱼之类的动物或带角的蛇，是多种动物的综合体，形象神秘。《广雅》：

> 有鳞曰蛟龙，有翼曰应龙，有角曰虬龙，无角曰螭龙。

《论衡·龙虚篇》说：

> 世俗画龙之像，马首蛇尾。

凤是鸟的形象，有华美长尾，是一种舞神和祥瑞之禽。成为神物的凤鸟，有更多的人情味，历来被当作吉祥幸福的化身。

葡萄龙凤纹银碗

西汉时建立了完整的“瑞应学说”,《春秋繁露·天地之行》认为，龙凤之瑞自应天命，国君如能施惠百姓，就能使天下太平，“致黄龙凤皇”，龙的形象也大致固定。龙对中华民族极为重要，它是权势、高贵、尊荣的象征，在古代与皇权挂钩，历代皇帝常自比为“真龙天子”。而凤表示皇后。民间又有天上有龙凤、人间分男女之说，象征所有夫妻美满，故龙与凤经常结合。这件唐代银碗碗底上的龙，突破了汉晋以来传统，姿态灵动，尾腿相缠，矫健如飞。配上满满的鱼子地，有腾云驾雾、追波逐浪之感。类似的龙凤配图案，在唐代以后广为流传。

龙成为帝王的象征之后，隋唐洛阳城宫殿开始使用龙纹瓦当，不过龙在唐代并未成为皇室专用，洛阳偃师杏园开元二十六年（公元738年）李景由墓，出土一件腾飞于云气中的龙纹铜镜。墓主李景由仅是县令，表明龙纹也流传在民间。白居易《感镜》诗道：

> 美人与我别，留镜在匣中。自从花颜去，秋水无芙蓉。经年不开匣，红埃覆青铜。今朝一拂拭，自顾憔悴容。照罢重惆怅，背有双盘龙。

这种龙纹也出现在民间使用的铜镜上。

唐代以后，龙纹的使用逐渐受到限制。宋元时，龙纹几乎为帝王所独占，是皇家的标志，平民百姓不能滥用。元代明文规定龙纹的使用范围，明令市街商店不得织造或贩卖日月龙凤纹的缎匹。明代更为严格，规定皇帝服饰可用龙纹，普通“官吏衣服、帐幔，不许用玄、黄、紫三色，并织绣龙凤文，违者罪及染造之人”。此后龙纹几乎成为皇室专制，成为定制。

葡萄纹在唐代以前不多见，真正流行是在唐朝高宗、武则天时期。葡萄纹曾见于新疆东汉时期外来的织物上，而后云冈、龙门的北朝石窟里也能见到，它的盛行与丝绸之路的畅通有关。

长生不老丹药的盛具

银盒内盛有多达444克丹药。

满地装、密不透风，是鎏金石榴花纹银盒的装饰纹样特征。盒的顶和底均微微隆起，子母口扣合。盒底纹样为三重，中心是八瓣花一朵，每瓣的尖部再出花瓣。以此为中心，第二重是大花瓣八枚，瓣内为石榴花，大花瓣连接处再出花瓣。第三重是团花八朵，花心均有衔草鸿雁一只。盒盖的纹样与盒底相同，略有区别的是更为精细，在第二、第三重之间加刻花卉、飞鸟。盒壁的纹样也

鎏金石榴花纹银盒

由以石榴花为母题的团花组成，合上盒盖后，侧壁形成团窠。银盒通体满饰纹样，又都衬以鱼子纹地，设计上几乎不留空白，纹饰錾刻流畅，一气呵成，表现了高超的技艺。

盒内有墨书题字，个别字迹模糊不清，经仔细辨认，仍可辨识“溪州井砂卅七两，兼盛黄粉”。金银盒通常用来盛放贵重的药品、化妆品。这件银盒相对较大，高6.6厘米，口径12.8厘米，其内盛放了井砂、黄粉。墨书文字中的溪州，在唐代属黔中道，即今湖南永顺县。银盒内井砂实测重444克。井砂当为丹砂、朱砂的一种。《旧唐书·德宗下》：

> 黔中观察使奏：“溪州人户诉，被前刺史魏从琚于两税外，每年加进朱砂一千斤，水银二百驮，户民疾苦，请停。”

《历代名画记》在叙及绘画颜料时说：

> 武陵（湖南常德）水井之丹，磨嵯（福建建瓯）之砂，……

可见唐代溪州及武陵是著名的产、供井砂之地。井砂、丹砂或朱砂可以做绘画的颜料，更是一种安神解毒的药物。盒内黄粉实测787克。黄粉也是药物，《唐修本草》记载金屑味“辛平有毒”，主“镇精神，坚骨髓……服之神仙”。黄粉或是金屑。井砂与黄粉还是当时炼丹的主要原料，唐代多位皇帝以及许多贵族笃信，服食丹药可长生不老。

石榴花纹饰在这件银盒上比较突出，花纹清晰地表现了写实的石榴。石榴花纹样从公元8世纪中叶开始流行，在不少金银器上都能见到。法门寺出土的一件大银盆上的石榴纹更为写实。后代各类器物上的石榴纹属于吉祥纹饰，有连生贵子、人丁兴旺的寓意，而这一寓意大概从唐代就已经开始了。

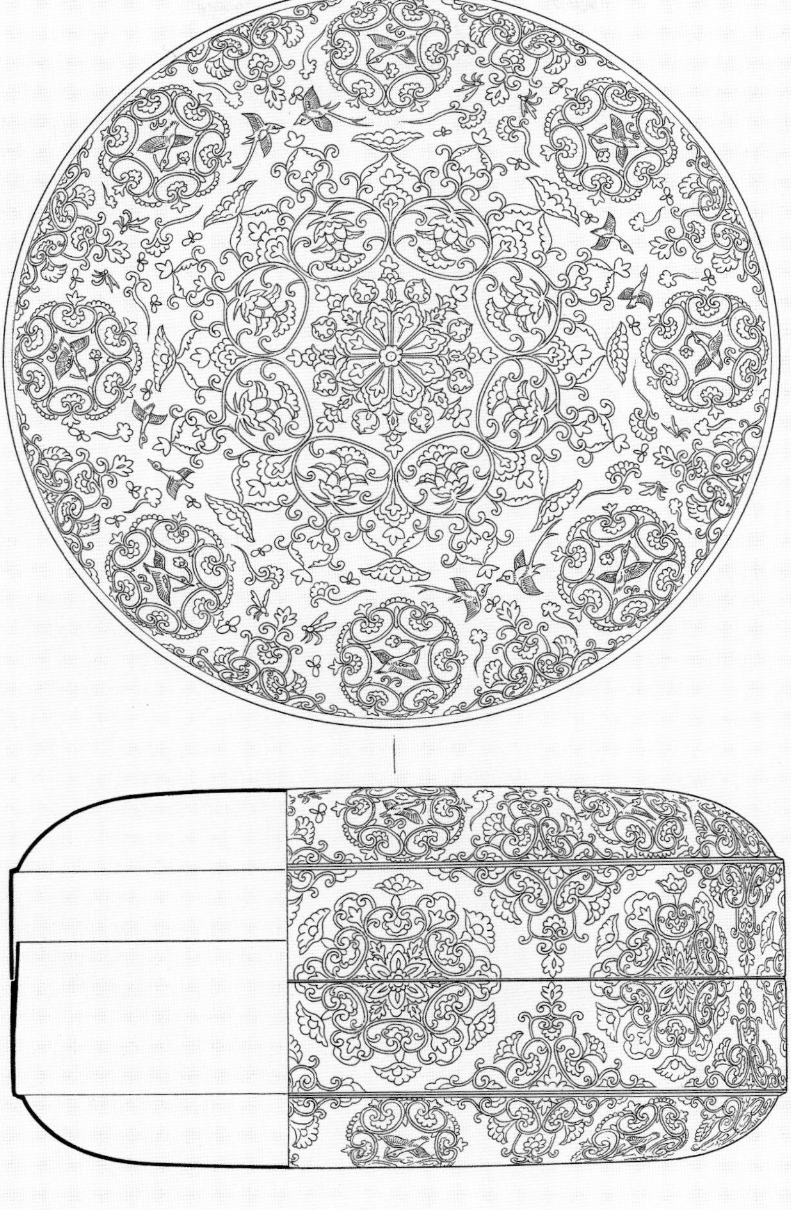

唐代最美的器物之一

如果要使用造型饱满、装饰华丽之类的形容词，用在这件器物上恰如其分。

鎏金鹦鹉纹提梁银罐，是唐代最美的器物之一。由于器物上部有活动的提梁，鹦鹉纹为主题，质地为白银，纹样鎏金，故取名为鎏金鹦鹉纹提梁银罐，有时又叫鹦鹉纹提梁银壶。如果要使用造型饱满、装饰华丽之类的形容词，用在这件器物上恰如其分。西安唐代皇族李寿墓的石椁线刻《侍女图》中，可以见到女子手执提梁罐的形象，与鎏金鹦鹉纹提梁银罐不光造型相似，连提梁连接在罐肩上的葫芦形附耳内的做法亦相同，可见这类银罐是贵族生活中所用的器物。

纹样中醒目的鹦鹉是聚焦点，也是引发好奇之处。古代中国人喜爱鹦鹉，大约可追溯到先秦。《礼记·曲礼上》云：

鹦鹉能言，不离飞鸟。

后来在《后汉书·祢衡传》中曾记载：

射时大会宾客，人有献鹦鹉者。

《三国志·吴书·滇传》也记载：

河土平敞，多出鹦鹉、孔雀。

说明作为禽类的鹦鹉，至少在汉代已被饲养。但将鹦鹉作为艺术形象，唐以前极少见到，鹦鹉的象征意义不太明确。唐代鹦鹉纹样突然增多，金银器、漆木器、铜镜、织物及瓷器上都经常见到。

这一现象不难解释，也恰恰在唐代，有关鹦鹉的记录突然多了起来。文字记录的鹦鹉来源主要有三处：一是西北陇右，即今陕西和甘肃交界的陇山之中。李白《鹦鹉洲》：

鹦鹉西飞陇山去，芳洲之树何青青。

白居易《鹦鹉》：

陇西鹦鹉到江东，养得经年嘴渐红。

诗文中鹦鹉被称为“陇客”。

二是来自岭南、交趾，张祜《鹦鹉》：

栖栖南越鸟，色丽思沉淫。

可以为证。

第三个重要的来源，就是南天竺国、诃陵国、吐火罗贡奉的“五色鹦鹉”。

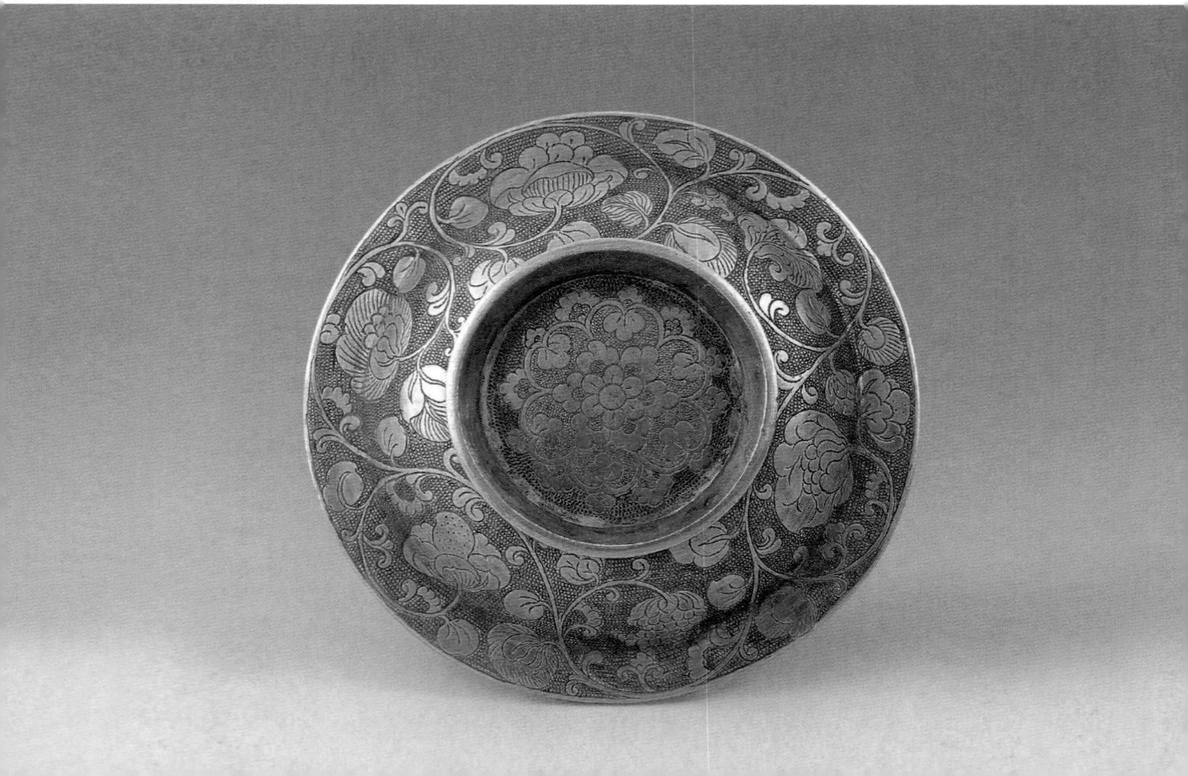

鎏金鹦鹉纹提梁银罐

鹦鹉在唐代成为图像的重要题材，擅长绘贵妇仕女的大师周昉就曾绘制《杨贵妃教鹦鹉图》，其画影响很大，1994年被列为“全国十大考古新发现”之一的内蒙古阿鲁科尔沁旗东沙布日台乡宝山辽贵族墓，赫然出现《杨贵妃教鹦鹉图》壁画，很可能就是仿照周昉的风格绘制的。西安的薛氏墓、唐安公主墓壁画中也出现鹦鹉形象。鹦鹉与人的关系日益密切，因此成为画家乐于表现的题材。

一种图像的产生和流行，必然有催生这种审美取向的潜在的社会因素和与之紧密联系的社会与文化成因。鹦鹉很容易从艺术表现上给人生动活泼之感，从而使这种“奇鸟”成为一种特殊的文化载体。鹦鹉从各个方面刺激了人们的感知：

鹦鹉是智慧的代表，同时也是吉祥的象征。

外国把鹦鹉同其他异宝一起送到中国，引发了中国人对异域的好奇心。

鹦鹉能模仿人语，可作为吟诗作文的精彩比喻，诗人常用鹦鹉学舌比喻文辞华丽。如：

> 言语巧偷鹦鹉舌，文章分得凤皇毛。
> 鹦鹉摛文至，麒麟绝句来。

鹦鹉能寄托情怀，表述情感释放。如：

> 年年锁在金笼里，何似陇山闲处飞。
> 醉客沾鹦鹉，佳人指凤凰。
> 翰苑飞鹦鹉，天池待凤凰。

鹦鹉能够传送口信家书。如：

陇山鹦鹉能言语，为报家人数寄书。

上层社会的风尚和情趣，往往带有高贵的意味，也因而产生了流传很广的故事。训练有素的鹦鹉可通人性，《明皇杂录》中记载了一个有趣的故事：开元年间岭南有人献上一只羽毛洁白的鹦鹉，明皇养之宫中，赐名“雪衣娘”。“雪衣娘”可以背诵诗词，还乖巧过人，每当玄宗与妃嫔、诸王子下棋，显露败势时，在杨贵妃的示意下，“雪衣娘”心领神会，往往飞入棋盘中翩翩起舞，把棋子搅乱，还啄咬妃嫔及诸王子的手，使棋无法继续，避免了皇帝输棋的尴尬与难堪。

莫把金笼闭鹦鹉，个个聪明解人语。

鹦鹉奇特的语言能力，被进一步人格化。唐朱庆余的《宫中词》中，就借助鹦鹉描写人的心态：

寂寂花时闭院门，美人相并立琼轩。含情欲说宫中事，鹦鹉前头不敢言。

深宫高墙之内的宫女，害怕在鹦鹉面前说出心事，怕被能说会道的鹦鹉泄露。

作为宠物，鹦鹉常被关在笼中饲养。提梁罐的形态恰似鸟笼，如果联想到鸟笼，鹦鹉如同关在笼中。而就器物装饰来说，则完全是一种开放式的表现。鹦鹉被折枝花围绕，四周还有小花、葡萄、石榴和蔓草，鹦鹉如同冲破闭锁的笼子，在百花园中展翅，自由飞翔。无论是来自西北、南方，还是来自外国的鹦鹉，都通过图像，传递着大唐盛世的声音。

富丽堂皇的唐代艺术之美

富丽堂皇的感觉，未必要以巨幅壁画、陵墓石刻来体现，方寸之间也能气象万千。

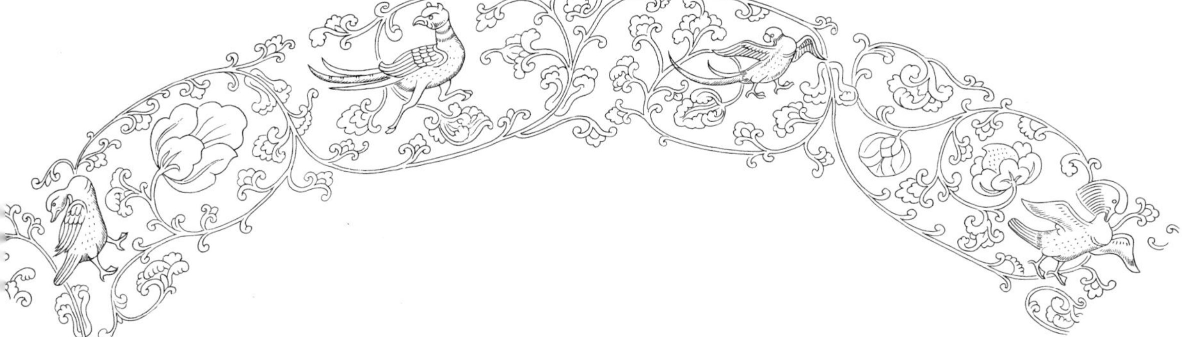

人们常把唐代叫盛唐，又说唐代艺术“富丽堂皇”，形容很贴切。“富丽堂皇”，给人一种华美大气、福贵喜庆的感觉。这种感觉未必要以巨幅壁画、陵墓石刻来体现，方寸之间也能气象万千。何家村遗宝中的鎏金花鸟纹银碗就很有代表性。虽然这件圜底、平錾花纹、通体鱼子纹地、纹饰鎏金的银碗，在造型和工艺上与很多器物一致，却以“宝相花”为主题。

唐代有“宝花”而没有“宝相花”的称呼。“宝花”大约是指层次丰富、形成团巢的花纹，取材于莲花、牡丹，加之忍冬、卷草，甚至包括了葡萄和石榴。为了避免这样难以明了的宽泛，可把“宝相花”这样定义：一种外层多由对卷的忍冬叶或勾卷组成花瓣，以云朵、如意为细部，呈对称放射状的形态，表现花朵俯视的平面，整体造型饱满。如果出现在壁画、织物上，则常采用晕染的方法，浅深逐层变化。按照这一定义，宝相花只在唐代才有。

宝相原本是佛教徒对佛像的尊称，经过艺术加工组合而成的“宝相花”，呈现为一种圣洁、端庄、美观的理想花形。这件银碗，以一朵大大的宝相花为碗内心的主题纹样，周边腹壁饰阔叶折枝大花四株，枝叶宽厚肥大，花叶间饰流云纹。外腹壁饰线条舒畅自然的缠枝花草，之间刻出二鸳鸯、二鹦鹉。

碗上的装饰都是盛唐才开始兴起的独具特色的纹样，圣洁、端庄的宝相花纹，雍容华贵的阔叶折枝大花，还有集祥瑞、美丽、聪明于一身的鹦鹉，象征恩爱的鸳鸯等。美妙的画面，固化着东方的审美情趣，通过视觉，令人感受唐代艺术“富丽堂皇”之美。

1

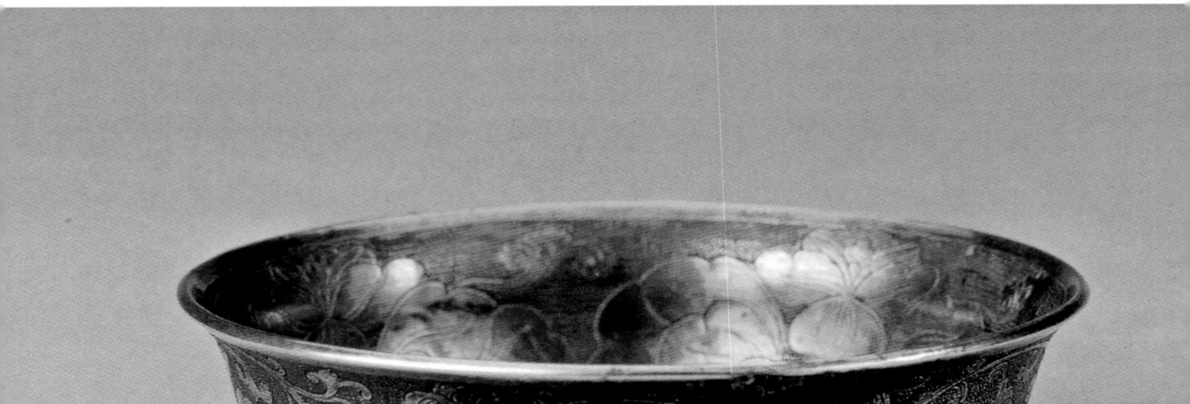

鎏金花鸟纹银碗

盛以翠樽　酌以雕觞

贵族文人围坐河边树下，在水流上方放置盛满美酒的羽觞。羽觞顺流而下，停在谁的面前，谁就取觞饮酒。

羽觞又叫耳杯，特征是外形椭圆，两侧有半月形双耳。羽觞（耳杯）主要流行于战国秦汉，仅长沙马王堆一号汉墓就出土了90多件。其材质有漆、铜、金、银、玉、陶等等。它是一种酒器，当然也可以用做盛食器。《汉书·孝成班倢伃传》：

> 顾左右兮和颜，酌羽觞兮销忧。

即在羽觞之中斟满酒，借以消愁。长沙马王堆3号汉墓出土的漆羽觞中，有的直接题“君幸酒”的文字；长沙汤家岭西汉张端君墓所出铜羽觞，上有刻铭“张端君酒杯”。

古代饮酒很讲究礼仪，羽觞曾是贵族宴饮的必备之物。三国曹植《七启》诗云：

> 盛以翠樽，酌以雕觞。

即用勺在樽中舀酒，注入羽觞中，饮时以双手执杯。古人把行酒叫“行觞”，称喝酒助兴取乐的酒令为“觞政”。东晋王羲之著名的《兰亭集序》中描述：

> 此地有崇山峻岭，茂林修竹，又有清流急湍，映带左右，引以为流觞曲水。

“流觞曲水”是当时的酒令游戏，每到三月初，人们要到河流之中洗澡净身，以除去凶疾，后来发展成一种叫作“祓禊”的祭祀仪式，并将其确定为节日，魏晋以后逐渐演化成临水宴客和郊外踏春。贵族文人常常在祓禊仪式后，围坐在河边树下，在水流上方放置盛满美酒的羽觞。羽觞顺流而下，停在谁的面前，谁就取觞饮酒。王羲之就是在这种情况下，借流觞曲水，将亲朋好友等四十二人所咏之诗结成了《兰亭集》，不仅为该集作序，还奋笔挥毫，留下了千古传颂的书法之作。

由于羽觞符合饮酒礼仪，故有南齐谢朓《送远曲》：

琼筵妙舞绝，桂席羽觞陈。

但这种汉晋时期常见的饮酒器，南北朝以后逐渐弃而不用，隋唐以后几乎不见，因此何家村的羽觞便成了唐代的罕见之物。唐宋诗文中也屡见“觞”字，如李白《留别曹南群官之江南》诗曰：

愁为万里别，复此一衔觞。

欧阳修《灯烬垂花月似霜》词云：

双手舞余拖翠袖，一声歌已釂金觞。

辛弃疾《再用前韵题冷泉亭》词：

便小驻、雍容千骑，羽觞飞急。

这里的“觞”恐怕是为追求古意泛指酒杯，应是文人作诗词讲究风雅，未必是指耳杯式的羽觞。当然在某些风雅怀古的场合，也偶有羽觞使用。至于明清又偶有羽觞出现，不过形制已有改变，也未必作为实用器，只作为礼器或摆件。

何家村出土造型、大小、纹饰基本一样的鎏金银羽觞两件，体量虽小，高3.2厘米，长10.6厘米，宽7.5厘米，却精美异常。器底

鎏金蔓草鸳鸯纹银羽觞

錾刻一大朵宝相花，内壁饰枝蔓流畅的阔叶大花四株，花叶间饰流云纹。轮廓和细部线条的粗细不同，技法也不同，加工刀具多种多样。花纹之间是细密排列的珍珠地纹，每一层珍珠纹之间有一道非常明显的直线，珍珠纹直径约0.71毫米，它们被十分精细地打凿出来，似乎显示錾刻珍珠地的管状工具有两种，一种是单管，一种是排管。

纹样不仅反映了唐代社会的朝气蓬勃与审美情趣，珍奇之处还在于器物花纹是双面分别錾刻的，内外花纹无关，这是少见的装饰手法。外壁所饰的鸳鸯也很特殊，唐代李商隐《鸳鸯》诗写道：

> 雌去雄飞万里天，云罗满眼泪潸然。不须长结风波愿，锁向金笼始两全。

鸳鸯有配双结对生活之习性，作为纹样当然也成双出现，雌雄分明。但这件羽觞上的六只鸳鸯，在外壁耳下，雌雄鸳鸯各据一边，两端尽管成对，却雌雄分开。这种奇异的表现，给人留下了回味的空间。

奢华的沃盥之具

汉代以后，匜几近消失，重新出现在唐代银器中，多少令人感到意外。

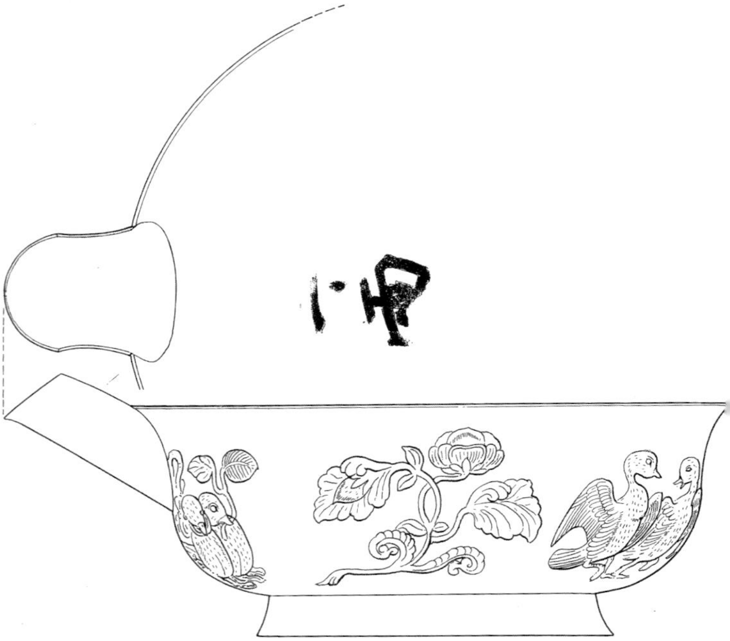

何家村遗宝中有两件银匜，有一件器壁外分别錾刻鸳鸯、鸿雁和一种雀鸟，另一件形制与之完全相同，唯图案为两只鸿雁与两组折枝花相错排列，纹饰鎏金，花纹具有浮雕的立体感。银匜体量很大，口径达20.2厘米，器体像一个深腹碗，之所以被叫作匜，是因为口沿一侧有开口，焊接短流。

银匜容易让人产生两个联想。一是西周至春秋战国时期青铜器中常见的青铜匜。那是一种椭圆形，前端有槽状宽流，后端置环形把的器物，早期有的还带四足。何家村的银匜，由于有了关键性的短流，故定名为匜。不过先秦时期的匜是洗手用具，使用时一手捧器底，一手提把，从流口注水洗手，故《左传·僖公二十五年》中有“奉匜沃盥”的记载。汉代以后，匜几近消失，重新出现在唐代银器中，多少令人感到意外。银匜虽然器体厚实，体量较大，但用于注水洗手，几无可能，用白银制作也过于奢华。唐代的银匜还见于浙江临安水邱氏墓中，天宝三载（公元744年）河南偃师史思礼墓中则出土有瓷匜。

另一个联想是唐代宫廷生活和艺术风格的转变。唐代以写宫廷诗著称的王建，在《宫词》中曾有：

宛转黄金白柄长，青荷叶子画鸳鸯，把来不是呈新样，欲进微风到御床。

“黄金白柄长”是什么器物不清楚，鸳鸯倒是能和这件银匜上的图案对上号，至于“新样”，大约就是“御床”周围的时髦器物。银匜在装饰风格上突出鸳鸯、鸿雁和雀鸟，它们神态各异，栩栩如生。极富写实性的花鸟图案在唐代少见，它们的出现似乎开启了五代、宋花鸟写真画的先河。飞禽与阔叶折枝花相间分布，留出了大量空白，摆脱了早期繁琐细密的作法。

鎏金鸳鸯鸿雁纹银匜

瑞兽神器

古人好奇于动物的各种神秘，常借动物表达各种复杂的情感。无论是狐还是龟，都寄托了人们某种期盼。

双狐纹盘呈相连双桃形，造型奇特。两桃中心处锤揲相向而行的狐狸，双狐肌体柔韧，凹凸有致，一只狐狸回首俯视，另一只狐狸回首仰视，互为顾盼，并略有机警之态。狐狸通体鎏金，在光洁的银盘映衬下熠熠生辉。

将器物制成桃形，是中国文化的特殊喜好。中国很早就将桃称为“仙桃”，并赋予很多神话色彩。但直到唐代以后，桃形器物、桃的装饰纹样才不断出现。狐狸在唐代也属上瑞，《朝野佥载》记载：

> 唐初以来，百姓多事狐神，房中祭祀以乞恩。……当时有谚曰：“无狐魅，不成村。”

取双狐双桃形作装饰题材，也许有“压邪”、“祈福”的含义。

还有一种说法，认为主题纹样不是狐狸而是獾。獾有尖啄，有些像猪嘴，古人取其谐音，以“獾”喻“欢”，赋予特别寓意，自然是一种吉祥。唐宋常有“两欢”之句，如韩愈《远游联句》：

> 两欢日牢落，孤悲坐绸缪。

两欢或合欢象征友谊和爱情。

古人好奇于动物的各种神秘，因而用动物来象征或想象各种事物，又在艺术、文学上借动物表达各种复杂的情感。无论是狐狸还是獾，都是人们寄托某种期盼的表现。

何家村遗宝中还有龟纹桃形银盘，是目前唐代出土品中唯一的一件。盘心饰一只龟，由于熟练地利用了锤揲加錾刻，使之呈现出浮雕的效果，龟的背部显现坚硬质感，再施以鎏金，十分醒目。龟头微微偏向一侧，使呆板形态中出现了一丝灵动。龟在中国古代文化中被视为四灵之一，《礼记·礼运》云：

鎏金双狐纹双桃形银盘

何谓四灵，麟凤龙龟，谓之四灵。

并认为龟最长寿，是为神灵。《述异记》载：

龟一千年生毛，寿五千岁谓之神龟，寿一万年曰灵龟。

故常用来占卜吉凶或象征永恒。

无论是双桃还是单桃，以桃为形态的器物在唐代少见，也是刚刚出现的新器形，在后代才慢慢多了起来。纹样采用单点式的装饰手法，除了动物，周围空白，简洁疏朗。这样的做法在唐代少见，并非中国传统。波斯萨珊、中亚粟特金银器，则常用单点式动物装饰器物。也许是丝绸之路畅通后，鎏金双狐纹双桃形银盘、龟纹银盘借鉴了外来艺术风格。

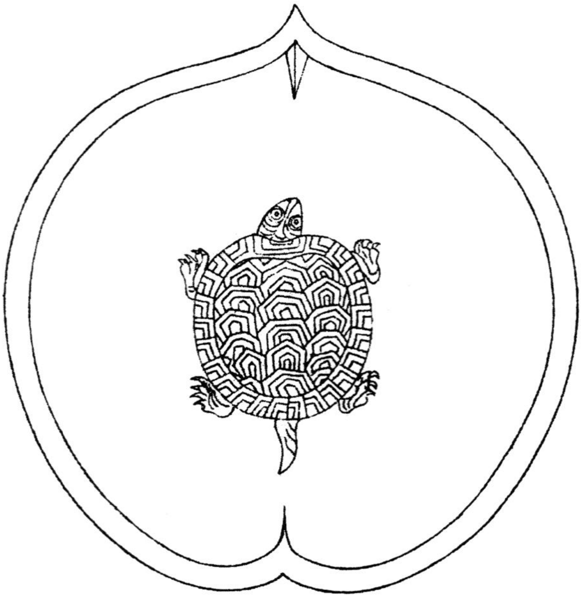

鎏金龟纹银盘

脱离传统　创意十足

与其说摆脱了繁缛的满饰纹样的传统作法，不如说是受到了外来文化因素的影响。

鎏金凤鸟纹银盘呈六曲花瓣形，中心单独锤揲出一只侧身提足、回首张望、振翅欲飞的凤鸟。凤鸟的姿态很有创意：扭身，头部毛发一部分披于颈部，另一部分呈二绺飘向身体前方，给予迅捷有力的回望之感。凤鸟的身体有一种凝聚力，呈欲飞之气势，活灵活现，充满动感。凤鸟形体因锤揲而微微凸起，通体鎏金。耳朵、眼睛、勾喙及羽毛錾刻深浅不一，轮廓清晰，细部明确，羽毛錾刻精细，疏密有致，层次分明，錾刻工艺被用得十分充分。

凤鸟纹、熊纹、双狐纹、龟纹、飞廉纹银盘，有异曲同工之处，都采用了单点式动物装饰，周围留出空白。这一偏离传统的独特风格，与其说是摆脱繁缛的满饰纹样的做法，不如说是受到了外来文化因素的影响的结果。但动物的种类和形态却是中国式的，我们可以认为，这些器物借鉴了西亚萨珊、中亚粟特等外来艺术手法，用中国传统题材创作了中西融合作品。何家村遗宝中这些具有崭新风格的器物群体，已经越过了对外来文化直接拿用、模仿阶段，改造、创新的意味更浓。

鎏金凤鸟纹银盘

不一般的熊

通常的熊作为被猎杀的对象，形象十分凶猛。
而这件盘上的熊却不以凶兽的面目出现，令人诧异。

鎏金熊纹银盘

鎏金熊纹银盘只单独装饰了一只熊，令人诧异。熊分布广泛，看起来笨拙，实际凶猛，也为人类社会较早熟悉，其图像、雕塑出现得很早，但通常是作为被猎杀的对象，很少用作器物上的装饰。在这件盘上，熊单出，没有任何陪衬，而且不以凶兽的面目出现，如果不是含有特别寓意，就是带有赞美的意味。不似中国传统。

不忽略每个有意义的局部，在刻画动物时至关重要。而突出每种动物的显著特征，同样至关重要。银盘上的这只熊，肥硕雄健，仰首嚎叫，呈现出凶悍气势。如此写实的形象塑造，在唐代不多见。工匠在刻画时似乎格外认真，线条清晰准确，不见重叠和补刻痕迹，从中似乎能想象刀起刀落一气呵成的情景。

这件器物，让人想到内蒙古敖汉旗李家营子出土的猞猁纹银盘，也在盘心单独饰一猞猁或虎状动物，手法写实。猞猁纹银盘被考证为中亚粟特传来的器物。萨珊、粟特银器中，很盛行在盘心单独饰一动物，因此鎏金熊纹银盘的风格应受到了外来文化的影响。但是，银盘的器口并非圆形，而呈六瓣葵花形，这几乎是唐代特有的器形。葵花形器物大约在公元7世纪末8世纪初开始流行，唐代铜镜的演变中表现得最清楚，各种材质的葵花形器皿也开始常见，成为唐代器物造型的新特点。

盘中熊的装饰由于采用锤揲技法，出现了浮雕效果，在实用中却很多余，因此这类器物未必用于日常生活，如果不是用在祭祀典礼中，就是作为比较纯粹的观赏陈列摆设品。

前望舒使先驱兮　后飞廉使奔属

这只飞廉，偶蹄双足、牛首独角、鸟身凤尾，形象奇特。

中国古代的器皿，其形制大都为圆形，饮食器皿尤是。但盛唐以后，各种曲瓣形器物逐渐流行，开创了一种新的风格。何家村遗宝中有六曲葵花形银盘3件，主题纹样分别是熊纹、凤纹和

鎏金飞廉纹六曲银盘

飞廉纹。这件飞廉纹银盘，在盘心处锤揲出一只形象奇特的飞禽，偶蹄双足、牛首独角、鸟身凤尾，做鼓翼欲飞状。锤揲和錾刻技术相当高超，制作时，先从盘底向盘心锤出凸起的纹样主题轮廓，再从正面錾刻纹样细部，最后在纹饰部分鎏金。

这件银盘上的神兽先被定名为翼牛，因其形为牛首鸟身，并双翼展翅。后来有学者称其为异兽纹、飞廉纹[3]。飞廉是传说中的动物，想象中的神鸟。《文选·上林赋》李善注引郭璞曰：

> 飞廉，龙雀也，鸟身鹿头。

定名飞廉纹，与这件银盘上的动物最接近。

在中国古代神话诸神中，飞廉是风神。《楚辞·离骚》有：

> 前望舒使先驱兮，后飞廉使奔属。

王逸注曰：

> 飞廉，风伯也。

飞廉的基本形象为有角、鸟身、大尾。作为神鸟，其形象并不固定，有牛首鸟身、鹿首鸟身和马首鸟身等。何家村遗宝中还有一件飞廉纹银盒，为马首驴耳，头顶有一独角，鸟身凤尾，偶蹄双足。可见，古代工匠们根据自己的学识和想象，创造出了不同的飞廉。唐代飞廉的形象与前代有所变化，可能汲取了外来动物形象的某些特点。西亚波斯萨珊和中亚粟特的动物纹饰中，也有一种前半身像狗，后半身像鸟的神兽形象，还有带翼的骆驼。在丝绸之路畅通的唐代，中国的飞廉融合些外来神兽的特征，也不奇怪。

肌肤已坏　而香囊仍在

玄宗重返京都，改葬杨贵妃，只得宦官回禀：“肌肤已坏，而香囊仍在。”

至今犹似怨香囊。
怀得香囊作悲哽。

这是后人思念杨贵妃的诗句，而其典故则出自《旧唐书·杨贵妃传》。唐代安史之乱，玄宗逃出长安，途经马嵬坡，将士因怨愤奸相杨国忠，并逼玄宗赐死杨贵妃。面对兵乱的威逼，玄宗不得不处死宠妃杨玉环，并将其葬于马嵬坡。而后玄宗自蜀地重返京都，思念旧情，秘密派人改葬贵妃，但挖开旧冢时发现：

初瘗时以紫褥裹之，肌肤已坏，而香囊仍在。内官以献，上皇视之凄惋。

香囊几乎是唐代贵族女性必备之物，壁画、石刻人物上见有悬挂在腰间的香囊，用丝织品制成。唐代张祜《太真香囊子》诗云：

蹙金妃子小花囊，销耗胸前结旧香。

唐代徐寅也曾写道：

葡萄花鸟纹银香囊

断肠将军改葬归，
锦囊香在忆当时。

“蹙金”、“锦囊”显然由丝织品所做。然而，丝织物易腐朽，特别是里面装上植物类的香料，再与尸体在一起，更难保存，何以杨贵妃埋葬后，“肌肤已坏，而香囊仍在”？香囊是否仅用丝织品制作，别无他法？

何家村遗宝中就有这样一件器物，它最初被叫作“薰球”，用白银制成。外壁镂刻葡萄花鸟纹，纹样设计上利用圆球形器体，采取放射状和多方连续式构图，无论从哪个角度观察，图案都具有整体感，镂空线条最细处仅0.05厘米。整体分三层，外层以花纹镂空，为两个半圆，以子母口合为一体。其内又设两层双轴相联的同心圆机环，大的机环与外球壁相联，小的机环安香盂。

使用时，凭借最内一层半圆形盂的重力和活动机环的作用，无论球体如何转动，最里面的香盂总保持平衡状态。香盂盛装香料，点燃时火星不会外漏，烧尽的香灰也不至于撒落，设计非常巧妙。

1987年4月，陕西省扶风县法门寺唐代地宫又出土两件相似器物，同出有地宫中记载各种藏品来源和名字的物账碑，碑上在记述银器时提到“香囊两枚”，与出土器物对照，就是这种圆形、以往被称为“薰球”的器物，唐代人叫作香囊。

这一名字被纠正后，激活了以往对另种文献记载的记忆。

白居易诗曰：

拂胸轻粉絮，暖手小香囊。

表明香囊有温度。

《玉台新咏·古诗为焦仲卿妻作》：

红罗复斗帐，四角垂香囊。

表明香囊有重量。

《一切经音义》在解释这种金属香囊的特点后，还特别加上了一句话：

妃后贵人之所用之也。

确定了目标人群。

香囊直径多在5厘米以下，顶部安有环钮、链条、挂钩，可随身携带，可作为手中的赏玩，可任意摆放，可四处悬挂，用途广泛，使用十分方便。女性随身暗藏一枚小巧的香囊而不被人所知，走动时，周围始终萦绕沁人的芳香，可以达到玉体飘香的效果。

香囊至少在汉代就有。西汉司马相如《美人赋》云：

> 金鉔熏香，黼帐低垂。

章樵注：

> 鉔音匝，香毬也，衽席间可旋转者。

可以旋转的熏香用具，当然不会是丝织物，也不会是只能固定置放的博山炉类。

《西京杂记》又载：

> 长安巧工丁缓者，……作卧褥香炉，一名被中香炉。本出房风，其法后绝。至缓始更为之。为机环转运四周，而炉体常平，可置之被褥，故以为名。

也说用于卧榻之中。此风延续甚久，元代陈樵有《卧褥香炉赋》，略云：

> 香从何来，来无定源。藻绣丛中，不火而然。香生弱缕，五色非烟。掇衾拂席，银黄可鉴。动如丸走，止与轮停。……共君合欢之绣被，籍君象床之罗荐。

这种“被中香炉，本出房风”，“动如丸走，止与轮停”的香囊为“妃后贵人之所用之也”。

透过一个古老的物件，可以见到一个人群，一个社会时代风尚。

女为悦己者容

因唐代女性的插梳习俗，这小小金梳背，集金器制作的细、精、难、巧于一身。

当“女为悦己者容”时，就会极力打扮自己。女性梳妆打扮的过程中离不开梳子。梳子有背、有带齿，用于梳理头发。但是，梳子在唐代的功用十分特别，有的梳子插在头上，做装饰用。

何家村出土的金梳背，是梳子残留下的部分，其特点之一小巧玲珑，之二华丽精致。长7.9厘米，高1.5厘米，由两层金片合成，呈月牙形。金片上用金丝和金珠组成流畅的花纹，金丝直径0.08厘米，小金珠直径0.05厘米，至今牢固如初，没有丝毫的裂缝或脱落。它是用什么方法焊接的？一直是未解之谜。

为什么金器制作上的细、精、难、巧，都在这小小的梳背上得到充分的发挥？这要从唐人的习俗说起。元稹《恨妆成》中写道：

满头行小梳，当面施圆靥。

金梳背

是说女性打扮完毕后，头上要郑重地插上梳子。崔涯《嘲李端端》说：

> 独把象牙梳插鬓。

明确说，插梳是头部梳妆关键的程序。看来唐代梳子不光用来梳理头发，还用来固定发型，起到今发卡的作用，还有做装饰之用。唐代女性插梳是普遍现象，西安曹家堡一位低级品官的妻子墓中，就出有成套的金钗、金凤簪和金梳背。可见一些小巧的梳子，可以归属用于满足女性爱美需求和渴望的首饰。

何家村的纯金梳背如此小巧精致，正是因为它是用于展示女性风采的重要首饰。既然梳子能为美色添彩，而插梳时露在外的是梳背，因此在梳背选料上十分考究，考古发现有玉、玻璃、水晶、骨角、金银等，不仅材质奢华，制作也极尽功力。考古发现中经常可见单独出土的梳背，这是因为插齿部分腐朽或脱落的缘故。

女性对插梳十分重视，文献中也有有意思的记载。王建《宫词》载：

> 玉蝉金雀三层插，翠髻高丛绿鬓虚。舞处春风吹落地，归来别赐一头梳。

可知在宫廷中，梳子可以作为礼品甚至赏赐。与皇帝见面并获得梳子的赏赐，是宫女无比的荣耀。

普通器物上的珍贵文字

墨书文字字数虽不多，却帮助我们准确辨析了唐代相关器物的质地和名称，也让我们了解了唐人对器物的严格管理。

带有墨书文字的器物，对解读器物、研究历史帮助很大。莲瓣纹提梁银罐的重要之处，就在于它用作盛装其他物品的容器，还有墨书文字清楚地记录都装有哪些宝物。

提梁银罐的整体样式很普通，特别之处在细节。一是盖面和罐身像是由六片相连的莲瓣拼合，连续展开后环绕器体一周，而实际是由錾刻而成的，由于錾刻较深，彼此相连处深陷；莲瓣纹内没有装饰任何图案，显得素雅大方，又略微凸起，呈现出立体感，造型与纹饰浑然一体。另一特别之处是，盖面等距离焊接着三个鎏金兽

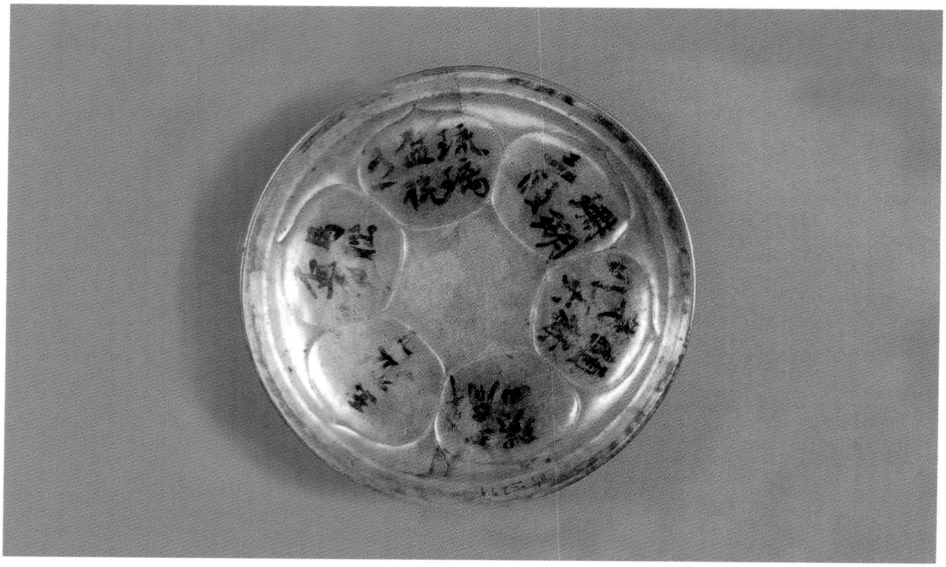

莲瓣纹提梁银罐

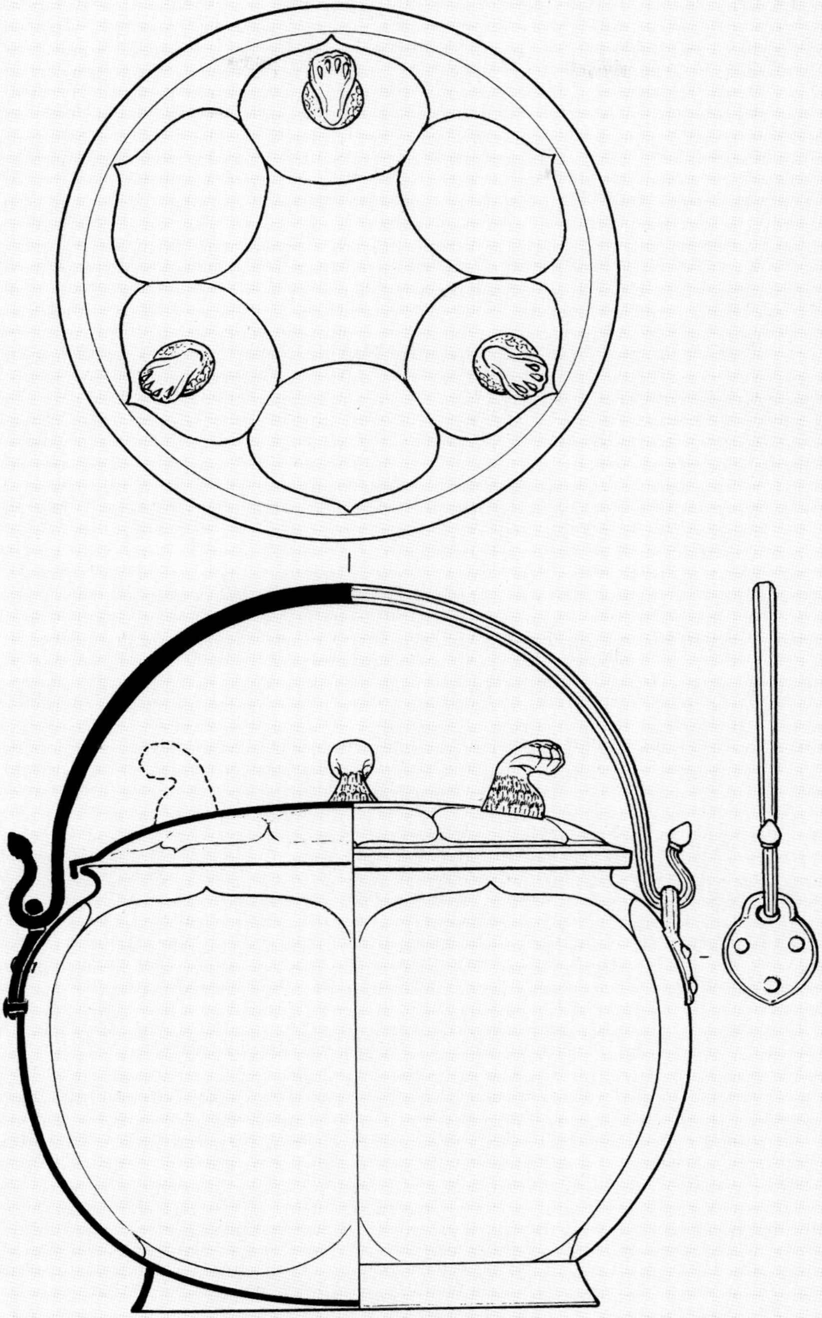

蹄形钮，罐的肩部相对处，有勾连提梁的鎏金柿蒂形耳，用三个铆钉铆接。提梁可以自由活动，两端成火焰珠状。

莲瓣纹在汉代偶见，南北朝时迅速流行开来，通常认为是伴随佛教艺术而兴盛的，此后一直得到延续。唐代莲瓣纹的佛教意义逐渐淡化，成为纯粹的装饰纹饰，样式也更加复杂多变。由于材质的原因，莲瓣纹在金银器制作中更加生动、多样。除了平面纹样，还有浮雕设计，甚至直接做成器形，高贵华丽。

在罐盖的六个莲瓣内，有清晰的唐人墨书，使这件器物显得既珍贵又别有价值，文字内容是：

> 珊瑚三段　琉璃盃（杯）椀（碗）各一　马脑（玛瑙）盃三　玉盃一　玉辟（臂）環（环）四　颇黎等十六□。

记录了当时罐内存放物品的种类与数量。出土时罐内有珊瑚2段，凸纹玻璃杯、水晶八曲长杯各1件，玛瑙长杯2件，兽首玛瑙杯1件，白玉忍冬纹八曲长杯1件，玉臂环4件，宝石16块，与盖内文字完全一致。

在罐身上有六个磕痕，磕痕内陷，说明提梁银罐使用已久。可以推测，用它盛放珍贵物品，要小心轻放，还要认真清点记录，这样的行为不可能是在慌乱埋藏前的仓卒行为，应是早已装好、写好并储存在某处。

这些墨书文字字数虽不多，学术价值却很高，同时有实物对照，可以帮助我们准确辨析唐代相关器物的质地和名称。如当时把玻璃叫作“琉璃”，手镯叫作“臂环”，而且古人也常常写别字，如玛瑙写成“马脑”，碗写成“椀”等。这些文字还表明对器物的严格管理，防止以假换真，保证账目清楚。这些墨书文字的记录者，从书写水平上看，应是朝廷中训练有素的高级管理者。

4 异宝奇珍

汉唐时期的移民与征服、交往与贸易，产生出的文化的相互馈赠往往超出最初的设想。在这个动态的过程中，人们接受外来文化的态度不断转变，突破国家、民族、地域的限制，放弃“非我族类，其心必异”的陈腐观念，以宽容与开放的心态主动善意与各民族交往，极大地促进了中国文化新的整合和盛世辉煌的出现，也加速了东西方文明的共同发展。

丝绸之路上的“金银钱”

当丝绸之路畅通无阻时，波斯萨珊银币、东罗马金币曾在中东、东欧、中亚流通，在中国西北地区也可以使用，它们承担着一定的国际货币职能。

波斯萨珊银币

东罗马金币

波斯萨珊王朝曾是一个强盛的国度，它纵横西亚、雄视欧洲。然而在公元651年败于阿拉伯人时，王子却逃向唐朝寻求庇护，如果没有长期的交往和足够的信任，不可能做出这样的选择。目前中国很多出土文物都显示了与波斯萨珊王朝的密切往来，其中最值得关注的就是波斯银币的发现。

今天，世界上很多国家的钱币上都印有国王、名人等的头像，这一做法延续自古代。波斯萨珊银币的正面是右侧半身像的国王。国王头戴王冠，冠顶有翼翅和雉形饰物，周围有两圈联珠纹外框，框外上下左右边缘各有一新月抱星纹饰。古波斯人相信祆教，萨珊王朝奉为国教，钱币的背面是祆教拜火祭坛，中央为台基和火焰，两侧各有侍立的祭司，祭司两侧分别有纪年铭文和铸造地名，周围有联珠纹外框，框外缘有新月抱星纹饰。钱币虽小，但明确体现了王权与神权的结合。

波斯萨珊朝银币在西亚并不罕见，但发现在中国意义就不同了。中国曾多次发现这种西亚古币，总数已经达两千多枚，广泛分布在丝绸之路沿线，尤以吐鲁番地区和西安、洛阳最为集中，这正是中国与波斯长期、频繁交往的证据。

中国发现的各种萨珊钱币中有一个特殊的现象，那就是库思老二世（Chosroes Ⅱ，公元590～628年）银币出土数量最多。库思老二世在中国史书中叫“库萨和”，是萨珊王朝的一位名王，他因多次击败拜占庭帝国而享有胜利者的称号，他在位时萨珊王朝版图扩大到极致，在他的带领下，萨珊王朝进入了辉煌时期。库思老二世制定了与东方保持交往的重要政策，努力垄断和控制通往中国的道路。为满足贸易的需要，银币的生产数量很大，在与中国加强联系、推动经济发展的目标下，钱币不断流入中国也就不足为奇了。何家村遗宝中的这枚钱币，根据钱币上的文字和王冠的样式，正是波斯萨珊库思老二世的钱币。西安还发现一枚库思老二世金币，形制纹样与银币相同，是罕见的发现。

东罗马是公元395年建立的横跨欧亚非的庞大帝国，也叫作拜占庭帝国，中国史籍称“拂林”，有时也写作普岚、伏卢尼、拂懔、大拂临、拂菻、弗林、佛郎机。东罗马在辽阔的疆域上统治近千年。610年希拉克略登上皇位，史籍记载他曾七次遣史来唐。陪葬乾陵的章怀太子墓出土的壁画《礼宾图》中，被认为绘有东罗马使者的形象。何家村遗宝中的这枚东罗马金币，可称为希拉克略式金币（公元610 ～ 640年），正面有头戴正冠、肩披甲袍的国王半身像，左侧是希拉克略，右侧是他的儿子希克略第·君士坦丁。背面中央有十字架和四级台座，周缘有铭文。

当丝绸之路畅通无阻时，波斯萨珊银币、东罗马金币曾在中东、东欧、中亚流通，在中国西北地区也可以使用。由于中外商业交往频繁，中国西北当地政权没有受到中央货币政策的严密控制，那里流通的所谓“金银钱”，即包括萨珊银币、东罗马金币，这些具有一定的国际货币职能的外来钱币，当然也会流入内地。隋唐作为大一统的王朝，货币流通有严格的政策。梳理内地的外来货币，我们发现，它们多在寺院、墓葬中出土，在寺院中常作为珍贵宝物，在墓中则放在死者的两眼上或口中，成为葬仪用物。有的还被凿出小孔，看上去可能是作为项链或其他物品上的坠饰，也就是说，这些钱币转变了用途，并非作为流通的货币。

官方收藏的“外来古董”

玛瑙兽首杯制作和传入中国的时间已经很早，对唐人来说，它可能已是“古董”，而且是来自西方的“古董”。

兽首玛瑙杯是一件极为奇特的器物，它由红、棕、白三色相杂的玛瑙制作，质地鲜嫩滋润。器物下端雕刻成羚羊头，羚羊的口与杯腔相通，是液体的流口，流口处用一个金帽盖合。毫无疑问，这不是中国传统器物。

对这件器物的产地和年代不仅有争议，而且意见相距甚大。有人认为它的制作年代为公元前2世纪，埋入地下时已经是一件传世达900年之久的古物了。有人认为是唐人在公元8世纪前期仿粟特器物制作的。虽然看法不同，却都认为器物造型是西方的“来通”(rhyton)。所谓“来通”，是指在器物底端有孔，液体可从中流出的器物，在西方，“来通”的材质多种多样，形制变化多端，样式最多最常见的是角杯形。

仅从外形观察，中国也有角杯形器物，从石器时代以来都有见

兽首玛瑙杯

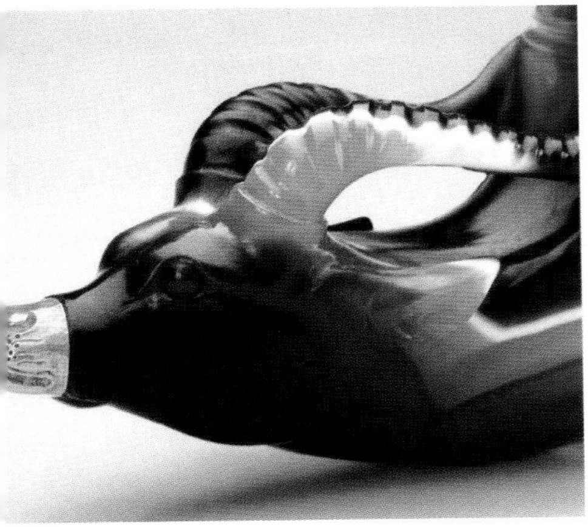

到，它们是利用或仿造牛、羊类动物头上的角而制造的容器，其中精致者有南越王墓出土的玉角杯，底部翻卷回绕，器身饰夔龙纹。但中国式角杯形器物盛入液体后从上面的口部饮用，造型与来通相似，用法却不同，属于完全不同类的器物。

西方的“来通”时代跨度甚大，早在亚述、波斯阿契美尼德王朝就已经开始流行，主要用在礼仪和祭祀活动中。土库曼斯坦著名的旧尼萨古城，曾发现几十件公元前2世纪制作的象牙作品，巴尔干半岛的色雷斯也出土极为精美的金银来通。这些来通造型雍容华贵，底部为羊首、马首、牛首、狮首或其他怪兽，有的还在腹部雕饰神话人物和动物，有的边缘镶嵌彩色玻璃、宝石或黄金。

何家村的兽首玛瑙杯上精心雕琢的羚羊，双眼圆睁，眼球外凸，耳朵后抿，头上雕出两只弯曲角，角尖接在杯口外侧，角上碾出凹槽。用如此写实的手法雕出安详典雅、逼真传神的羚羊，在中国极少。西安南郊红庙村曾出土一件铜鎏金卧羊，是唐朝不多见的写实形象实例，但与大量的中亚、西亚图像中的羊相比，有很大的差异。这样的差异的存在，有深刻的原因。在西方，羊多是神的代理之一，因而对羊的刻画严肃而认真。相比之下，中国造型中的羊多属一般性的动物。兽首玛瑙杯与中国的实用器物和艺术品位实在相距太远，而在西方又出现很多，看来如果不是模仿西方的来通，就是输入品。美国赛克勒美术馆收藏的、年代为公元4世纪的萨珊时期银质镀金“来通”，片治肯特粟特壁画中的“来通”，在形态上都与何家村玛瑙兽首杯比较接近。由于何家村遗宝中不乏时代较早的如春秋时代的钱币，因此玛瑙兽首杯制作和传入中国的时代应该很早，它可能是中央官府收藏的一件“外来古董”。

兽首玛瑙杯在中国是孤品，但古代在中国，这种器物未必是孤例。美国波士顿艺术博物馆藏的北齐石刻上，一群胡人在葡萄架下饮酒，主要人物手持来通，像是从底部饮用，液体从下端的流注入饮者口中。史君墓西门框和石堂北壁浮雕中，有的人物手持来通，高举过头顶。似乎在东方人的眼中，来通多与胡人的生活相连。尽管如此，“来通”也曾影响中国贵族的生活。陕西三原贞观五年（公元631年）李寿墓石刻线画中有手持牛首杯的侍女，牛首杯与兽首玛瑙杯很相似。还有陶瓷仿制品，伦敦大英博物馆藏的白瓷狮首杯，加拿大多伦多安大略博物馆收藏的白瓷牛首杯，从整体造型上看都意在模仿西方的“来通”。这两件白瓷兽首杯的年代不晚于隋代。它们虽然与西方的各种“来通”造型有差距，但都保持了底部有独立的兽首形态。再晚些时候，唐嗣圣元年（公元684年）李徽墓出土的三彩杯，杯底为龙首，却将龙的口部延伸出花枝，搭于杯身和杯沿，以充把手。洛阳唐墓出土的三彩杯，器物底部的怪兽看似象首，象鼻上卷形成把手。这些三彩器底部都没有泄孔，独立的兽首也不复存在，而是将兽首与把结合，说明因不同的生活习俗，这类仿制品已经被改造，失去了原本的实用性，或只是一种观赏品。开放的唐代以追求新奇为时尚，出于对异类文化的关注，他们将奇异优美的器物作为模仿的对象，但由于来通与唐人生活习俗差别太大，始终没有流行开来。

遣唐使眼中的新奇之物

或许是感到新奇，送遣唐使回日本的唐朝官员，将它们带回了大唐。

“和同开珎”是日本古代货币。它是奈良王朝元明天皇和铜元年（公元708年）仿效中国唐代“开元通宝”钱铸造的货币，这次铸币是日本迈向律令时代发生的重要事件，反映了当时日本财政经济的变化。“和同开珎”重量在3～7.21克之间，最多的是5～6克。过去将“珎”读为“珍”，明治初年改正其误，读为“宝”，认为“同”为“铜”的省略写法，“珎”为“宝”的省略写法。“和同开珎”即使在日本，也罕见而珍贵。日本学者对其做过专门的调查研究，总共仅发现47枚，出土在28个地点，主要在以大和为中心的幾内地区，遗迹年代清楚的都属公元8世纪，这些遗迹与特权阶层有关[4]。

这种连在日本都不常见的银币，却在何家村出土5枚，可见其意义重大。对其何时传入中国，郭沫若做了考证，认为十四次日本遣唐使中，可排除早于玄宗的和晚于玄宗的。唐朝四次送遣唐使赴日，都早于或晚于玄宗朝。在剩下的玄宗开元四年（公元716年）的第七次、开元二十年（公元732年）的第八次、天宝九载（公元750年）的第九次中，郭沫若最后推测是玄宗开元四年（公元716年）的第七次遣唐使传来“和同开珎”，公元716年离铸币的708年仅八年，因为“新造之币，为物珍奇；初废之币，存品尚多。故能在716年作为贡品而大量输入中国”[5]。

郭沫若当时研究讨论的基点，是以何家村遗宝埋藏于唐玄宗天宝十五载（公元756年）安禄山之乱时为前提的，但如果埋藏时间晚在唐德宗时，被排除的后来的遣唐使，以及送遣唐使返日的事件也应纳入考虑范围内，而恰恰这种可能性更大。日本遣唐使回国，有时会有唐朝官员护送，但玄宗朝似乎没有护送，而肃宗乾元二年（公元759年）第十次遣唐使回国有唐代官员相送。

遣唐使会带来他们认为庄重的礼物，而以当时日本对唐朝的仰慕和了解，他们不大会带来不具有跨国流通功能的异国钱币作为贡品或礼物，而送遣唐使回日本的唐朝官员，可能感到“和同开珎”银币新奇，故将它们带回。“和同开珎”银钱从始铸到停废仅一年三个月，铸量无多，何家村遗宝中的5枚银质“和同开珎”，弥足珍贵。

银“和同开珎”

西域鬼作

隋唐二代，通过遣使、战争、贡献等途径，得到的西方玛瑙器屡见记载，还多被形容为文采殊绝的宝物。

玛瑙长杯

椭圆形容器在中国很少见到，只有战国至汉晋的耳杯是椭圆形的，但两边必须有耳。何家村遗宝中的两件玛瑙杯为椭圆形，不能不引起人们的关注。两件器物，一件有矮圈足，一件为圜底，玛瑙材质选料很精，主体是酱红色，还有橙黄、乳白色文理交错。由于琢磨光滑，通体呈玻璃光泽，精美瑰丽。带有矮圈足的玛瑙杯，中部微鼓，两端略低，因为中间有研磨的痕迹，它被认为和一件玉杵配套使用，是用来研药的器物。

玛瑙在古文献中有马脑、玛瑙、马瑙、码碯等多种写法。三国时的曹丕在《玛瑙勒赋序》中说：

> 玛瑙，玉属也。出自西域，文理交错，有似马脑，故其方人因以名之。

用马脑来形容文理相间的材质，还指明其来自西域。唐以前历代正史中，皆言波斯、大秦、月氏盛产玛瑙。《北齐书·元弼传》载：

> 马瑙榼容三升，玉缝之。皆称西域鬼作也。

《洛阳伽蓝记》开善寺条亦载：河间王琛经常陈列家中的宝器让客人观看，其中：

> 有水晶钵、玛瑙琉璃碗、赤玉卮数十枚。作工奇妙，中土所无，皆从西域而来。

隋唐二代，通过遣使、战争、贡献等途径得到的西方玛瑙器物也屡见记载，还多被形容为文采殊绝的宝物，引起不少诗人歌咏，唐代钱起有长诗《玛瑙杯歌》，诗中说玛瑙出于“瑶溪碧岸”，它有奇异的“文藻”。明亮又鲜艳的玛瑙杯，常在高级宴饮中出现，如孟浩然在《襄阳公宅饮》：

绮席卷龙须，香杯浮玛瑙。

李商隐在《小园独酌》一诗中也写道：

半展龙须席，轻斟玛瑙杯。

西安市南郊沙坡砖厂、湖南长沙中南工大唐墓曾出土玛瑙杯，造型与何家村玛瑙杯的椭圆形不同。何家村玛瑙杯产自何地？椭圆形杯或称长杯的器物，在西亚、中亚不仅发现有较多的实物，在图像中也常见，如在中亚撒马尔罕片吉肯特的粟特壁画中，就有手持长杯宴饮的画面。西安发现的粟特人史君、安伽墓的石刻图像中，也有许多胡人执长杯的形象。无论从材质、造型还是文献语境，何家村的这两件椭圆形玛瑙杯都可能是来自西方的珍宝。

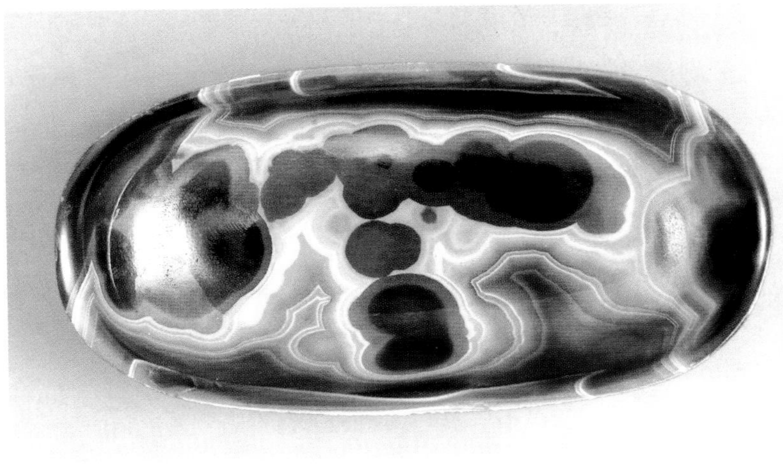

葡萄美酒夜光杯

玉在中国，几乎从一开始就暗含某种观念信仰。即使是普通用具，一旦用玉制造，就或多或少地体现出等级观念。罕见的水晶、白玉长杯，其强烈的异国色彩和珍贵的材质，只能供摆设观赏，或仅皇室、贵族才能使用。

水晶在古代文献中又称水精，也叫水玉，是一种无色透明的石英晶体。已知唐代水晶制品多是些珠子之类饰品，经考古发现的唐代水晶容器极少，因而晶莹透明的水晶八曲长杯极为珍贵。它令人想起“葡萄美酒夜光杯，欲饮琵琶马上催”的诗句。

从文献记载来看，水晶多产自西域各国，并作为贡品，曾多次进献唐朝，但西域诸国进献的水晶杯，凭文字记载无法判定样式。这件水晶八曲长杯呈椭圆形，腹部有八个横向分层式的曲瓣，带矮圈足，外壁光素，无色透明，造型上带有明显的伊朗萨珊风格。

另一件白玉八曲长杯，曾被定名为“羽觞”。羽觞一词，在古文献中，多用来指汉晋时期的耳杯。为了与耳杯区分，将该器物叫作八曲长杯更为合适。长杯的材质是洁白莹润的和田玉，造型规整，口沿一圈磨得很薄，厚度只有半毫米，制造难度很大，需要十分精湛的碾琢工艺。长杯外腹壁碾琢出尖叶忍冬纹，这种纹样在南北朝到唐初有类似发现，也在中亚粟特银器上可见。

唐代宫廷宴会上使用玉杯，这是贵族身份的象征，唐诗中多有描写饮酒的玉杯，如宇文融：

> 北极回宸渥，南宫饰御筵。飞文瑶札降，赐酒玉杯传。[6]

奢华高贵的玉杯，竟有法律明文规定：

> 器物者，一品以下，食器不得用纯金、纯玉。[7]

虽然在实际生活中，玉制食器的使用范围已超越了法律的限制，但玉器仍是等级身份的象征。

水晶、白玉八曲长杯的器物形态大致相同，虽是椭圆形，却与中国传统的羽觞或耳杯差别很大，具有浓郁的外来文化特点，它们

白玉忍冬纹八曲长杯

完全是古代伊朗萨珊式器物。但西亚和中亚目前没有发现水晶和白玉材质的八曲长杯，没有证据表明这两件器物是输入品。就材质而言，白玉八曲长杯的材质是和田玉，而水晶中国也出产，它们也许可被视为中西文化结合的产物。多曲长杯是外来的器形，在唐代陶瓷器中也偶见仿制品，河南偃师首阳山电厂李存墓出土玉石四曲杯，长沙窑、越窑瓷器中也偶见多曲长杯。

中国的玉器很独特，几乎从一开始就是为某种观念信仰而制作，大多数在生活中没有实用性，或没有特别突出的实用功能，它们的出现主要为满足精神领域需求，并被用在装饰、祭奠、礼仪之中。哪怕是普通用具，一旦用玉制造，就或多或少地体现出等级观念和艺术审美的功能。罕见的水晶、白玉八曲长杯，其强烈的异国色彩和珍贵的材质，只能供摆设观赏，或在皇室、贵族中使用。

这种器物应该是当时艺术作品的别类，它们经过精心设计，体现了精湛工艺，并且受到贵族们的喜爱。但由于多曲长杯外腹凹凸分明，杯内腹壁处有弧形凸棱，使用、清洗并不方便，因此在中国只是昙花一现，并没有长期流传。

水晶八曲长杯

粟特人的酒杯

伴随着大量具有商人属性的粟特人的迁移，数量较多的粟特器物流入中国，这件银杯即是其一。

古代主要生活在中亚阿姆河、锡尔河流域的粟特人，曾建立很多小国，即康、安、曹、石、米、何、火寻、戊地、史等，中国史书也称他们为“昭武九姓”。粟特人来华之后，以国为姓，它们善于经商，也精于手工业，能制造精美的银器，这件素面罐形带把银杯就是粟特人制造的器物。

这件器物，在造型上，小口、束颈、圆鼓腹，腹部杯有环形把，把上有指垫，下有指鋬。当用手执杯时，拇指按在指垫上，既有舒适手感，又能加力持重，增加持杯时的稳定，可以说是实用、巧妙的设计。在俄罗斯埃尔米塔什博物馆收藏有带把杯，造型与何家村的素面罐形带把银杯十分相似，只是带有山羊纹样。内蒙古敖汉旗李家营子也曾出土一件形制略同的粟特银杯。观察何家村银器群，这件素面罐形带把银杯的器壁相对厚重，在同样流传时间、同样保存状态下，呈现的颜色也与众不同，大概是材质的成分略有区别。

带环形把手的杯，在汉代有卮。卮是小杯，有的也带环形的把，把上部带指垫。不过卮的整体形状与碗有些接近，或是直筒形。汉代的玉器、铜器上也偶见带环形的把，但既不多见，也不流行，而且这些器物并非都有手执使用的功能，它们的环形把上几乎没有带宽指垫的，在这些器物上找不出与何家村素面罐形带把银杯的演变联系。

粟特银器传入中原并不令人奇怪。在敦煌发现的公元4世纪初叶的粟特文古信札，内容涉及了粟特商人在凉州武威、洛阳、邺城、金城、敦煌等地从事贸易活动的事情。考古发现的北周安伽、史君、康业墓，也说明不少粟特人早在唐以前就定居长安一带，他们未再返回故土。《旧唐书·西戎传》载粟特人：

善商贾，争分铢之利，男子年二十，即远之旁国，来适中夏，利之所在，无所不到。

他们在丝绸之路上一些便于贸易和居住的地点留居下来，建立自己的聚落，这些得到了敦煌、吐鲁番出土的户籍、地志类文书的证实。河南洛阳发现公元706年的安菩墓，志文称：

其先安国大首领，破匈奴衙帐，百姓归□□国。首领同京官五品，封定远将军，首领如故。

安菩的祖先是安国大首领，他本人也曾是粟特人聚居的唐代六胡州的大首领。

古代大规模移民，造就了“凉州七里十万家，胡人半解弹琵琶”的状况。而其中粟特移民有着重要的历史意义，他们来华已久，数量很多，并且不再重视自己的故地。洛阳邙山出土的隋大业十一年（公元615年）粟特人翟突娑墓志载：

君讳突娑，字薄贺比多，并州太原人也。

自称是并州太原人。天宝元年内附的粟特人康阿义屈达干，在墓志中称自己为柳城人。均说明这些粟特人认同了自己在唐朝的现实处境，放弃了自己的故土观念。至今，武威（即凉州）还有不少安姓、石姓的家族，他们或许与粟特人有关。

伴随着大量粟特人的迁徙，数量较多的实物流入中国。据统计，粟特人自公元624年至772年，共入贡94次，贡品分为动物、植物、矿物、织物、器物和食物六类。其中有粟特本地土产，而转贩之物更多[8]。在这些物品中，除了一次性或短时期的消费品外，有些可以较长时间保留，其中金银器具有实用之外的财富储存和艺术观赏等附加功能，能较长时间流传，也成为考古发现较多的品类。考古发现出土在中国西部的粟特器物年代较早，然后沿河西走廊到西安，又自河西走廊北上到大同，再到辽宁的朝阳地区，这样的分布也显现出粟特人的两条主要的迁徙路线。

素面罐形带把银杯

异国他乡的来路货

这样的玻璃器皿独树一帜，它们都来自异国他乡。

凸纹玻璃杯

玻璃易碎，何家村遗宝中唯一的一件玻璃器也难逃厄运，但是经过保护复原，这件器物的原貌仍然清楚。凸纹玻璃杯的透明度较高，稍泛黄绿色。造型是直壁略斜、大平底。腹部有八组，每组三个圆环纹，圆环纹采用粘贴玻璃条技术，装饰效果呈凸起的网格状。粘贴技术是将熔融的玻璃条挑出，趁热贴压在杯身上。粘贴玻璃条为装饰的技术，早在罗马玻璃中就已经出现，萨珊玻璃工匠继承发展了这一技术。这件杯的造型特征、纹样装饰、工艺技术，表明它是外国输入的无疑。

中国古代玻璃制造业并不发达，唐代以前，出土的玻璃器皿类多是外国输入品。与何家村凸纹玻璃杯制造工艺技术类似的作品，较早的实例是河北景县北朝晚期祖氏墓出土的玻璃碗，碗的腹部粘贴着的三根玻璃条呈优美的波浪形，衔接处形成网格纹。还有北朝封魔奴墓出土的玻璃碗，腹部有一道细阳弦纹。这两件北朝玻璃器经X荧光分析，其主要成分为钠钙，被推测是罗马制品。西亚输入的萨珊玻璃在中国多有出土，西晋华芳墓、北周李贤墓、大同北魏墓都曾发现。

唐代与何家村凸纹玻璃杯同样风格的玻璃器皿，在陕西临潼县庆山寺出土一件，为束颈、圆球腹、小平底玻璃瓶，器肩也有一周凸起的弦纹，腹外壁粘贴不规则的凸起网纹。陕西扶风法门寺唐代地宫出土的贴花玻璃瓶，制作技术相似。这三件粘贴玻璃条后呈圆圈或网格纹的玻璃器皿独树一帜，它们都来自异国他乡。何家村的这件凸纹玻璃杯为波斯萨珊玻璃的可能性较大。西亚的这类玻璃器还有的经中国大陆转输到朝鲜半岛和日本，如韩国庆州松林寺出土的环纹玻璃杯，日本奈良正仓院藏的蓝玻璃（高足）杯，都是丝绸之路上畅通的东西方贸易和文化交流的物证。

视觉化的西域乐舞

如此形态的乐伎，如此形态的乐器，在唐代其他乐舞图中不常见。

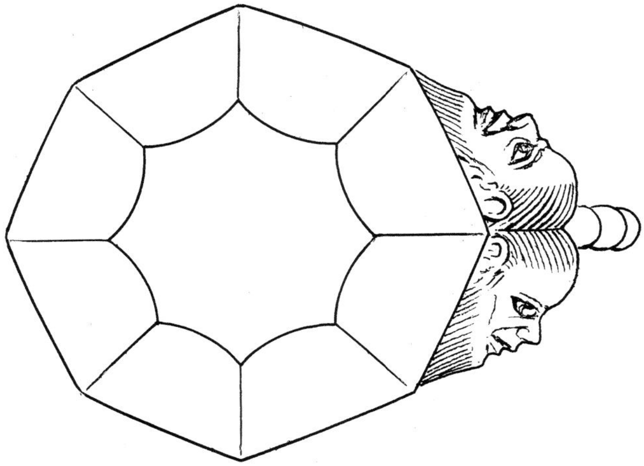

伎乐纹八棱鎏金杯

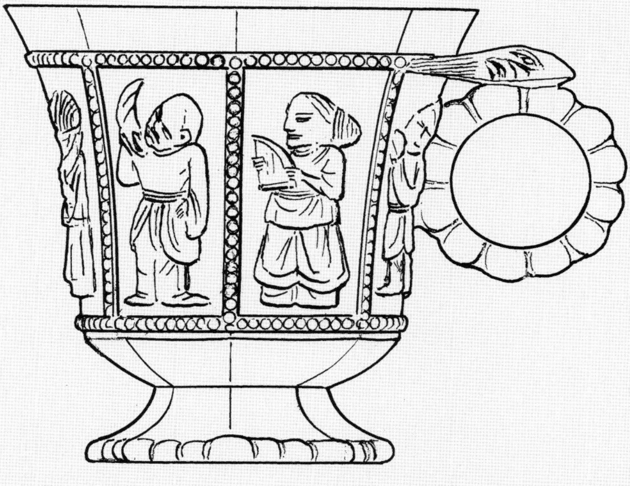

伎乐纹八棱鎏金杯厚重，很罕见，它重达380克，通过铸造成型，过去它长期被认为是金杯。由于口沿处有一处缺失，透漏出的胎体呈蜂窝状结构，有青色锈，所以它应该不是金制，更像是铜胎，或者是以铜为主要成分的合金，然后再通体鎏金。

八棱形、环形把、把上的宽指垫上有胡人头像，以及作为主要的辅属装饰的联珠纹，不仅出现在足底边缘以及八棱的折处，杯的环形把也由呈雕塑状的联珠组成，都带着浓郁的中亚粟特器物的特色。八棱杯身各面都是伎乐演奏者，由于器物通高才6.4厘米，加之为铸造成型，人物形象不甚清楚，能够分辨出有的头戴尖顶胡帽；多数乐器不可辨认，可辨别的有竖箜篌、曲项琵琶、排箫。《隋书·音乐志》中载：

> 今曲项琵琶、竖头箜篌之徒，并出自西域，非华夏旧器。

总体看来，这些乐伎的服饰和发式及乐器，在唐代其他乐舞图中不常见。

八棱形带把杯，原本是公元7世纪至公元8世纪初中亚粟特器物的特点，丝绸之路畅通时，西方的金银工匠也来到中国。据学者统计，隋代六部尚书中，工部尚书由非汉人担任的比例最高，接近百分之五十。如隋代著名的工艺大师何稠，其祖父原是西域的“细胡”。隋炀帝时，何稠能仿制波斯进献的金线锦袍，还能用绿瓷仿造西方的玻璃。入唐后，何稠任将作少匠，依然掌“百工技巧之政”。唐代不但有西方输入的器物和技术，外来的工匠可能更多，这件伎乐纹八棱鎏金杯，无论造型还是装饰风格，都在模仿粟特器物，它可能是粟特工匠在中国制作的。

国内外工匠的共同制造

银杯微妙的变化带来了视觉效果上的差异，器物造型稳重而优雅，这是粟特银器难以见到的艺术品位，像是外国工匠和唐代工匠共同设计制造的。

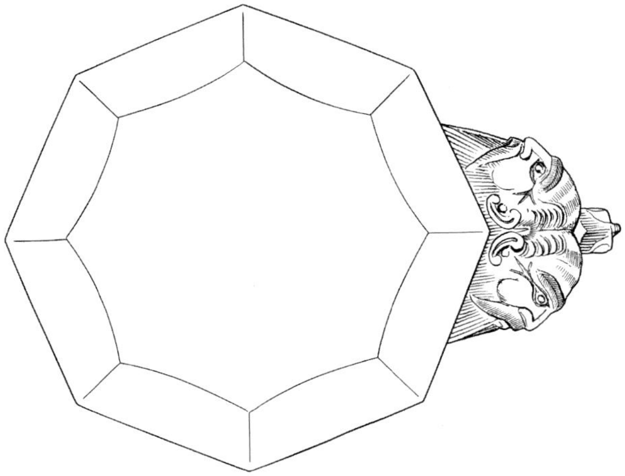

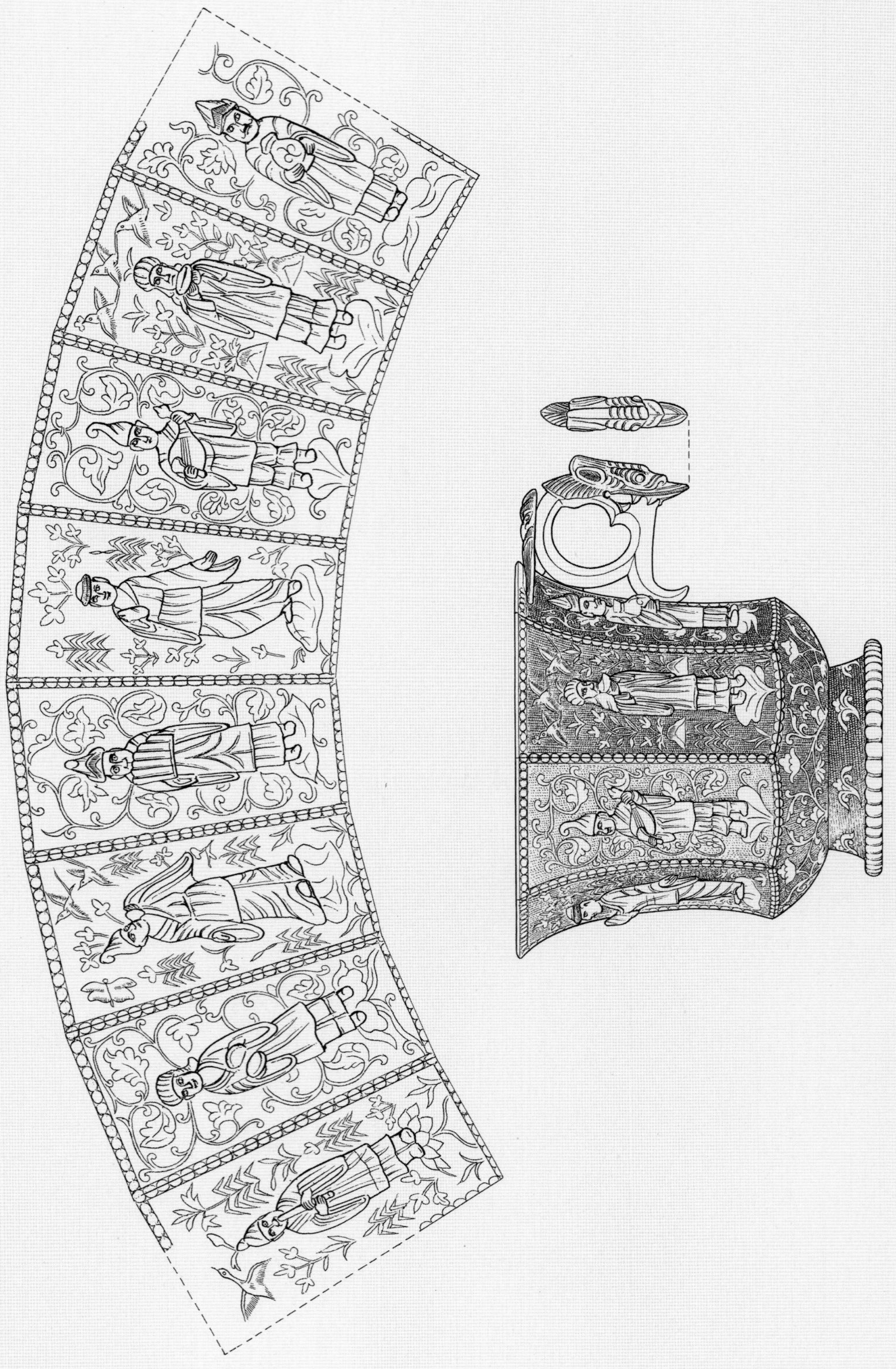

鎏金伎乐纹八棱银杯

粟特移民中有商人和工匠，入籍唐朝后，工匠也应到官府作坊中服役。他们的文化背景以及他们掌握的独特的技术，自然会对唐朝手工业制造产生影响，何家村的鎏金伎乐纹八棱银杯就反映了这一状况。

这件杯的环形把做得很复杂，很精细，外侧有兽头，指垫上是两个相背的深目高鼻、长髯的胡人头，呈浮雕、圆雕效果。杯身八棱上饰以联珠纹，八个面上排列的人物，均为高浮雕，从边缘出现的许多绿锈推测，是焊接上去的。人物有执拍板、小铙、筚篥、曲颈琵琶的乐伎，还有抱壶、执杯人及两名舞者。人物虽分别出现，但歌舞、乐工、侍者构成了密不可分的整体，像一个统一的画面。人物形象和服饰，不似中国传统风格。

虽然八棱形杯体、环形把及指垫、联珠纹等的做法都是中亚粟特银器的特点，但浮雕人物的背景地纹却是用錾刻手法加工出的忍冬卷草、山石、飞鸟、蝴蝶、鱼子纹地，体现了中国特色。

手工制作会使器物呈现千姿百态，很难做到完全相同，作者的个人风格十分明显，何家村遗宝中的几件带把杯均不相同。由于这件杯的八棱状器壁稍内弧，微妙的变化带来了视觉效果上的差异，而且器物造型显得稳重而优雅，这是在粟特银器上难以见到的艺术品位，像是外国工匠和唐代工匠共同设计制造的。

大唐文化与西域技术的完美结合

唐代被认为是一个最浪漫、最开放的王朝，艺术效果十分奢华的金筐宝钿团花纹金杯，以其精湛的工艺、优美的造型，体现了大唐文化与西域技术的完美结合，让人真切地感受到了大唐盛世的蓬勃朝气。

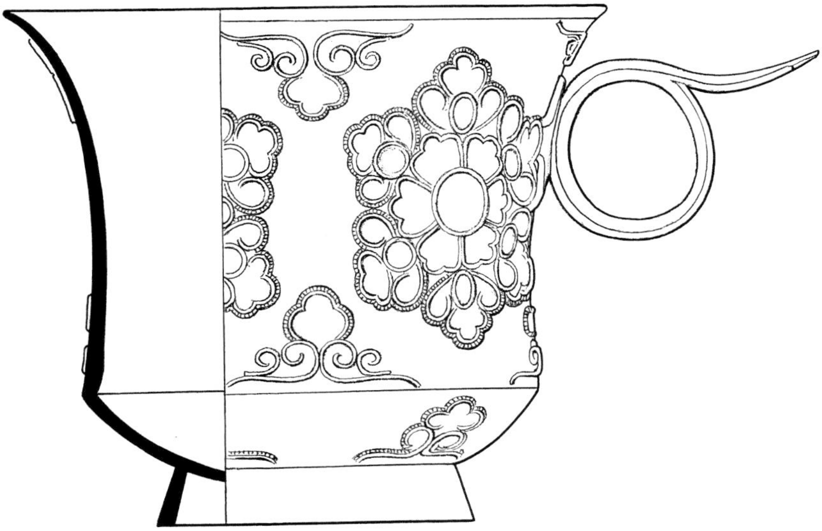

金筐宝钿团花纹金杯看上去很美，实际上杯上有令人遗憾的残缺。它原本在腹部金丝团花中，还镶嵌各种宝石，极为绚丽

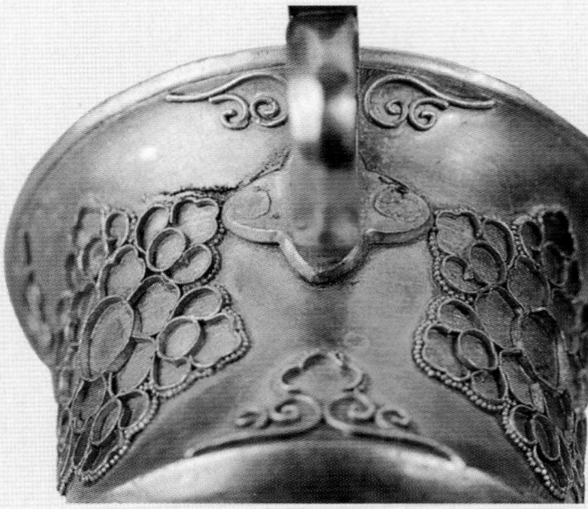

金筐宝钿团花纹金杯

奢华。刚刚出土时，有目击者说，当把金杯从陶瓮中取出时，镶嵌的各种宝石因老化而纷纷掉落。

如今金杯光滑的器腹表面，焊接着以扁金丝构成的四朵团花。金丝由金片剪成，盘绕出重重花瓣，最外缘再焊细密排列的金珠。金丝厚0.03厘米，金珠直径0.01～0.03厘米，形成的纹样突出于器表。镶嵌物虽脱落，却呈现出别具风格的残缺美，在唐代金器中难得一见。

这件器物最初被称作团花纹金杯。之后，法门寺地宫出土了一件与之装饰手法相同的金宝函，器表焊有金丝编成的外框及细密的小金珠，再镶嵌宝石。《法门寺物账》记其为“真金函一枚金筐宝钿真珠装”，这是唐人对这种精细、费时工艺技术的描述。故在这件何家村团花纹金杯的称呼前加上了“金筐宝钿”四字。

金杯的造型也很特殊，结合中国各地的考古发现和研究成果可以看出，金杯也受到了中亚粟特银器的影响。粟特人金银器的使用和制作很兴盛，传入中国后，成为皇室贵族们追逐的对象，粟特带环形把手的杯流入中国后，也引起唐朝工匠的仿制。不过这件杯将环形把做成“6”字形，指垫为叶芽状，这种造型却在汉代以来中国传统器物上偶有发现。而且金杯的口沿上端稍稍外卷，器壁内弧，下部由横向内折棱处内收，使器体显得流畅自然，更符合唐人的审美，因此这种带把杯曾一度在中原流行。西安万岁通天二年（公元697年）的姚无陂墓，就出土了造型一致的银杯。环形把甚至在陶瓷器中也能见到。器物上的四朵大团花，是图案化的花朵，不能确切地指出属于何种植物。何家村遗宝中还有不少器物装饰有类似的花朵，唐风浓郁，雍容华贵。

唐代被认为是最浪漫、最开放的王朝，艺术效果十分奢华的金筐宝钿团花纹金杯，以其精湛的工艺、优美的造型，体现了大唐文化与西域技术的完美结合，让人真切地感受到了大唐盛世的蓬勃朝气。

唐风中的异国情调

鎏金仕女狩猎纹八瓣银杯，在浓厚的唐风之中又散发着一些异国情调，以崭新的面貌回应了唐人的品位和欣赏习惯。

鎏金仕女狩猎纹八瓣银杯是一件令人叹为观止的器物，花朵般的造型和热闹的画面，将人带到大唐盛世的想象之中。杯的造型精彩之处，在于杯下腹锤揲出八瓣仰莲，承托的杯身又分八瓣，杯身不是八棱，而是八曲，即折棱向内，整个器物内凹外凸，具有很强的雕塑感，无论是俯视还是仰看，都像是盛开的花朵。

杯身外壁分别有四幅男子狩猎图和四幅仕女游乐图，由于相间排列，不同的活动场面像屏风画似地一幅幅展现出来。男子狩猎的紧张与仕女游乐的悠闲，形成了动与静的节律，狩猎与仕女图都或多或少地衬有山峦、花树、飞禽等，表现出原野风光。而游乐图的鱼子纹不鎏金，狩猎图的鱼子纹鎏金，银质的洁白和鎏金色彩对比鲜明。

这件器物在浓厚的唐风之中又散发着一些异国情调，器物上仍能看到粟特银器影响的痕迹，如口沿和圈足底边錾刻一周联珠，口沿与杯体有环柄，环柄外侧饰有联珠，上有宽指垫，下有指鋬，这

鎏金仕女狩猎纹八瓣银杯

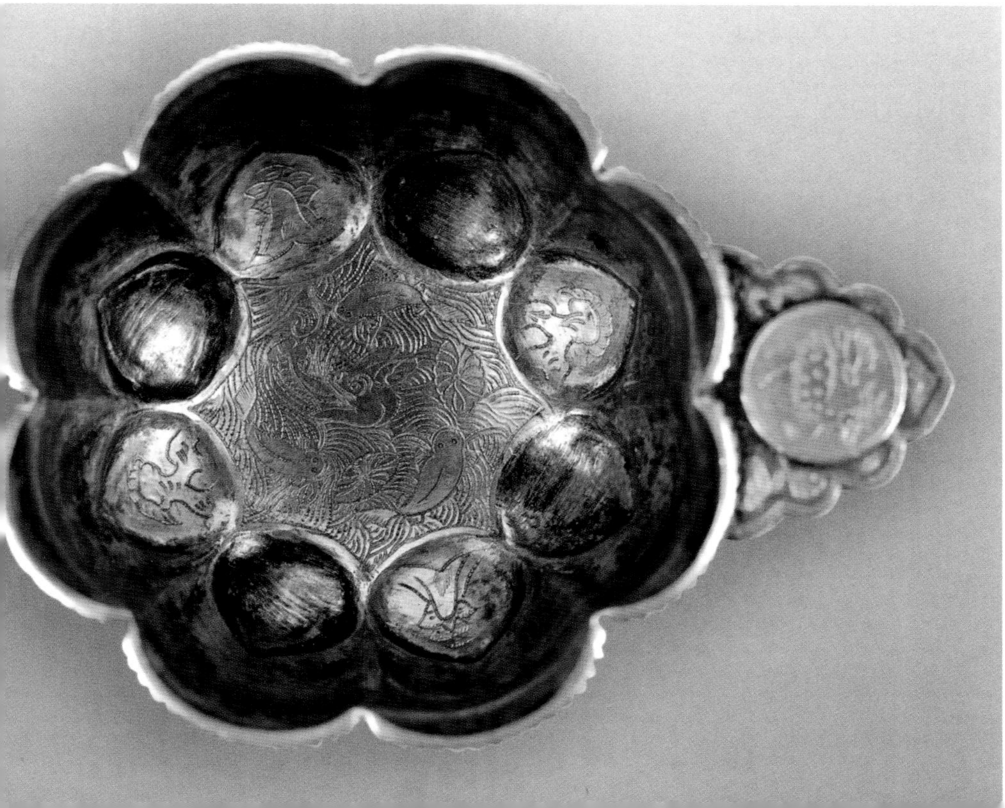

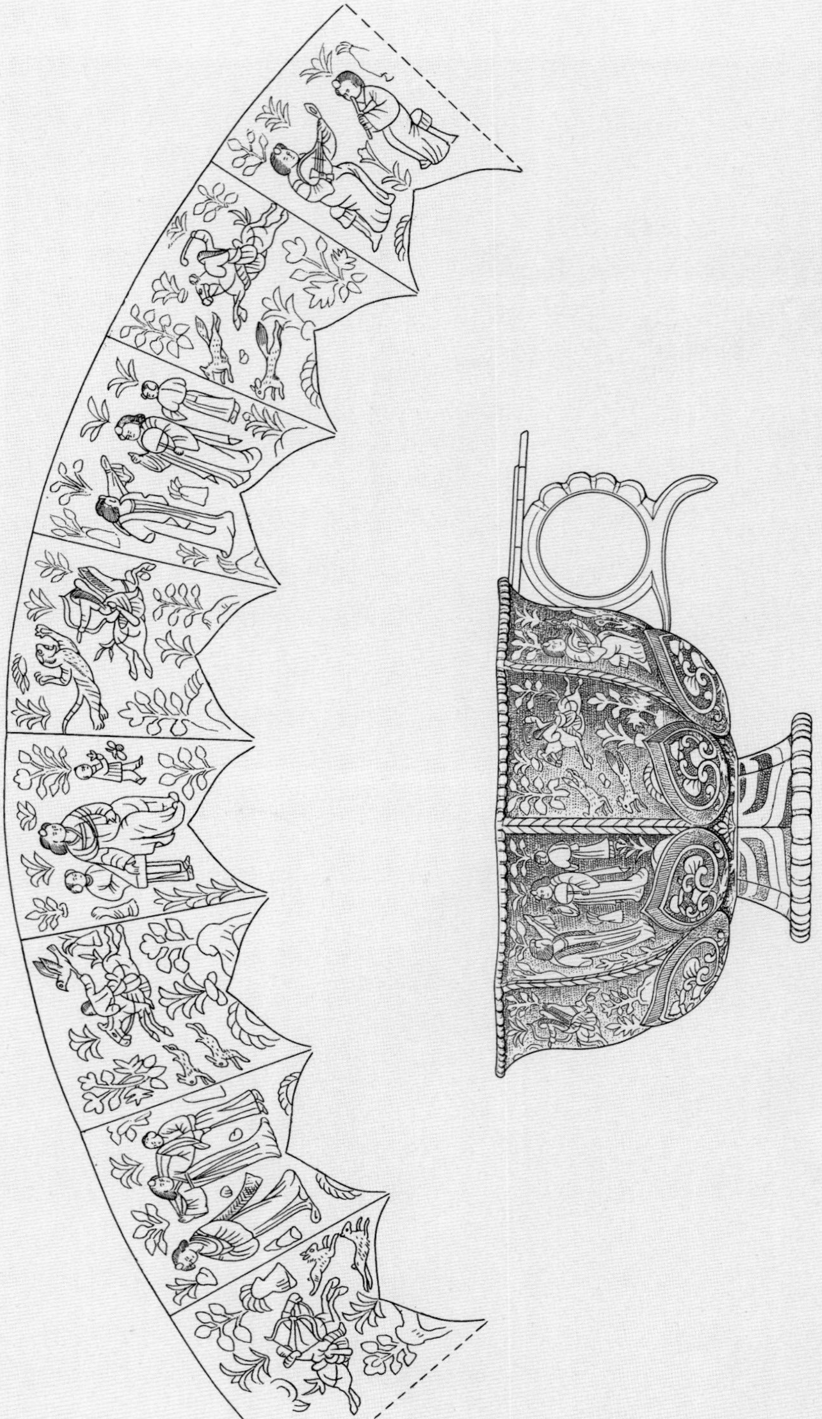

些都是粟特银器的做法。银杯的内底以水波纹为底衬，中间錾刻出摩羯。摩羯是印度神话中的一种动物，常见于古代印度、西亚和中亚的雕塑、绘画艺术之中。不过杯身八曲向内折棱，棱线处的联珠被柳叶置换；指垫是多曲三角形，上面刻画一只鹿和简单的花枝，整体呈现花朵般的造型，十分新颖。主题纹样中的男子狩猎图与仕女游乐图，无论是构图、人物形象还是服饰，在唐代壁画或其他器物上都能见到影子，所饰乔木花草也是盛唐流行的题材，这些细节表明鎏金仕女狩猎纹八瓣银杯应该是唐朝工匠的作品。制作过程中对粟特器物造型的脱离和纹样的抛弃，并非是对粟特器物的生疏，而是推陈出新的改造，体现了唐人的品位和对异域文化的取舍。这件器物以崭新的面貌回应了唐人的使用和欣赏习惯。1980年西安又出土一件酷似的器物，只是圈足部分遗失，说明这种器物在当时不是孤品。

精彩的狩猎瞬间

只占几平方毫米的人物面孔和野猪头部，淋漓尽致地表现了人物的微笑和野猪的惊恐，在历代艺术品中也属罕见。

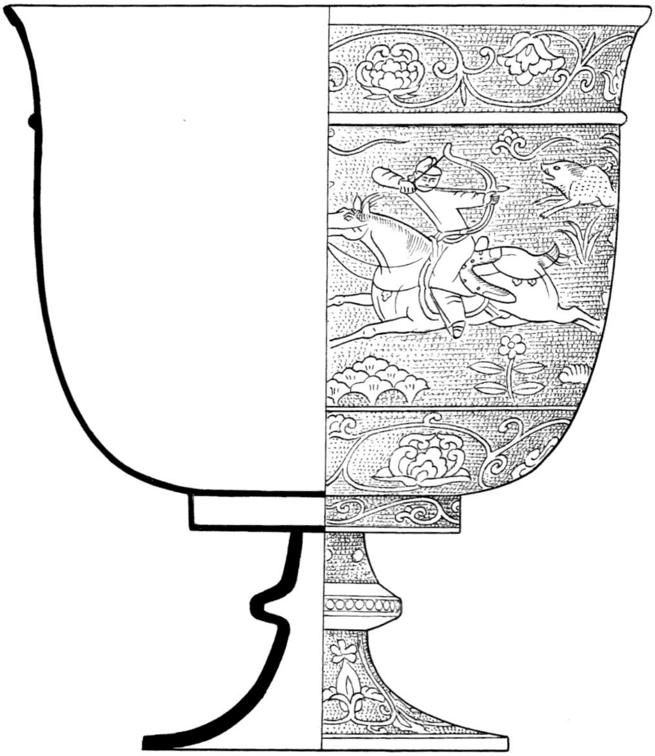

狩猎纹高足银杯

高足杯属酒器，又称高脚杯，造型优美，今天几乎流行于全世界。何家村遗宝中的银高足杯，整件器物用锤揲技术成型，纹样由器物内部向外锤出，腹内壁可见清楚的凹痕。器物外壁所有的花纹都鎏金。杯体和高足分别预制，然后焊接在一起，焊接处已渗出焊药的绿锈。高足杯上面所饰纹样分为三个部分。杯体中部为狩猎图，分两组，一组前面一人骑马转身向后射箭，后面一人骑马向前射箭，两狩猎者之间为一只野猪。另一组也是两人配合狩猎，前者转身将弓挟在怀中，后者弓上的箭刚刚射出，两个骑猎者之间为一只奔跑的鹿和一只中箭的鹿，还有一只逃跑的狐狸。狩猎图的上下是多方连续的缠枝纹，杯身通体錾细密的珍珠地纹，略低于主题纹样。高足中间有算盘珠式的节，下部喇叭形底座表面为十束放射性花枝。

何家村高足杯上的狩猎图，构图突出人与人、人与兽之间的呼应关系，画面抓住了狩猎时最精彩的瞬间，即猎者弓弦拉满，野猪、野鹿拼命逃窜的情节。猎者的坐骑和野猪的四腿几乎呈一百八十度张开，是动物奔驰速度的极限，图案尽量强调了人物和动物的运

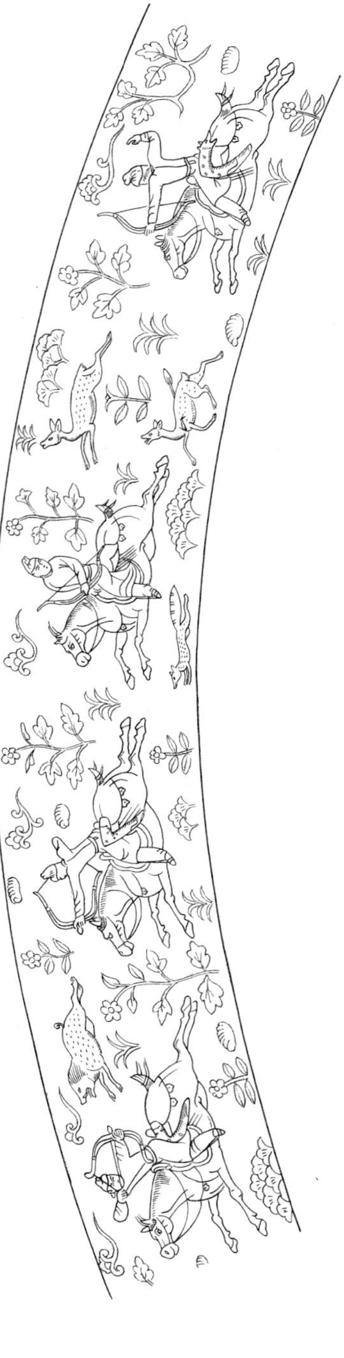

动。还有骑马猎者收弓挟在怀中，转身微笑观赏他人狩猎，画面有了动和静的搭配，紧张与悠闲的变化。令人惊叹的是，狩猎图所占面积仅约4厘米高，场面却波澜壮阔，画面中的人物虽小，但身着窄袖袍，头戴幞头，甚至衣纹、佩带的弓囊箭袋以及人物的面目五官都十分清晰。骏马奔跑时的肌肉变化，缰绳、鞍鞯、杏叶等细节，也表现得惟妙惟肖。只占几平方毫米的人物面孔和野猪头部上，把人物的微笑和野猪的惊恐都淋漓尽致地刻画出来，这在历代艺术品中也属罕见。

中国的高足杯出现于何时？这是个有趣的问题。可以肯定地说，中国古人饮酒不用高足杯。夏商周青铜器中的饮酒器主要为爵，汉晋时期流行被称为羽觞的耳杯，隋唐以后多用碗。所以高足杯不是中国传统器物。中国新石器时代龙山文化时期有黑色蛋壳陶的高足杯，极为罕见，但并未对后来产生影响。另有一些高足器，器形较大，多被称为“豆”、“高足盘”，是一种食器。

南北朝以后，中国发现了真正的高足杯。山西大同北魏平城遗址中出土三件鎏金铜高足杯。一件是圜底碗状；另一件口下内束，然后带折成圜底；还有一件直斜壁，高足较粗，呈喇叭形。三件高足杯的纹样带有浓厚的异域风格，它们都是外来器物。西安隋大业四年（公元608年）李静训墓中也出土过金、银高足杯各一件，与现代高足杯很接近，不过产地无法准确判定，即使是中国制造，也像是仿制外来的器物。

高足杯来自哪里呢？古代色雷斯地区（今保加利亚）公元前后发现有很多高足杯，土耳其伊斯坦布尔以及叙利亚等地东罗马帝国时代也流行高足杯，到了公元3世纪至公元7世纪，黑海沿岸和伊朗地区都出土过高足杯。外国的高足杯材质有金银，也有陶和釉陶，还有玻璃的。可以说这种高足的饮器，造型源于希腊罗马地区。丝绸之路畅通繁荣后，罗马文化圈流行的高足杯输入中国，如大同北魏平城遗址中出土的鎏金铜高足杯，就是外来的器物。

中国内蒙古毕克镇在修水渠工程中，发现两件残破的银高足杯，当时还发掘了一具人骨架，骨架旁有拜占庭金币一枚、金戒指两件及牙签、刀鞘、铜环等，尸骨头部还有头冠顶上的金饰片。据此推测，一个商队的首领因暴死而于路边掩埋，时间为隋或唐初。那枚金币是拜占庭列奥一世（Leo Ⅰ，公元457～474年）时制造的，高足杯可能与金币同样，来自外国。唐代高足杯发现得渐多，可能源于拜占庭器物的影响。当然，由于萨珊王朝控制着中国通往拜占庭的要道，不排除这种影响是间接的。

唐代是一个善于吸收外来文化的时代，并对外来文化有很强的融合力。西方的高足杯传入中国以后，中国工匠并未全部仿造。最为明显的是，在接受了器物的造型后，在纹样和装饰上采用了唐朝人所喜爱、反映唐朝人审美情趣的缠枝花卉、狩猎等题材。中国出土的高足杯材质多是金、银，恐怕当时只有贵族才能享用。在唐代贵族墓壁画中可以看到使用高足杯的场面。不过为了让更多的人使用高足杯，后来工匠也开始用其他材料进行仿制，因此考古发现中，铜、锡、陶瓷器的仿制高足杯不断被发现。中国古代高足杯的出现和一度流行，既涉及唐代的社会生活，也涉及古代欧亚文化交流这一重要的历史。

鸳鸯与海兽的奇异组合

波涛汹涌的水波中心托起一只戏水的海兽，边上却奇异地伴有一对鸳鸯，中西合璧的光辉闪耀在这件艺术作品上。

鎏金海兽水波纹银碗的水波既是纹样，更是一种装饰手法，因为水波的出现不是通过平面的线条，而是用锤揲的技法做出十四条由口及底的曲线，凹凸起伏。碗内底还錾刻波涛汹涌的水波，中心托起一只戏水的海兽，海兽边还有一对鸳鸯伴随。海兽的形象怪异，现实动物中没有相似的形象，其渊源目前还不甚明朗，它通常被认为是一种外来文化的体现。

类似的银碗，河北赞皇东魏李希宗夫妇墓出土过一件，英国不列颠博物馆也收藏有相似的，两件银碗的时代和产地可能相同，应是印度北部或伊朗东南部公元4世纪至5世纪的作品，较之何家村的这件银碗，要早两个世纪以上。水波纹银碗凸起的水波、海兽，已表明与中国传统装饰的不同，然而碗外壁满饰由禽兽、花草、山石、鹿、羊、狐、兔、鸟构成的花纹，生动有趣，这些都是唐朝流行的纹样。碗内底海兽边相伴的鸳鸯戏水，更具唐代风格。唐人朱庆余《送刘思复南河从军》诗句中有这样的描写：

蛮人独放畬田火，海兽群游落日波。

碗底画面中的动物形象，也许就是唐人眼中的“海兽”。考虑到公元6至7世纪，中亚粟特银碗器体多为凹凸起伏的分曲或花瓣形，这件鎏金海兽水波纹银碗可能受到了粟特风格的影响，而粟特风格又多来自伊朗萨珊王朝，文化的传播在这件器物上显现出来。

鎏金海兽水波纹银碗上，锤揲、浮雕和錾刻的技法纯熟，纹样的组合形成有节奏的变化，是一件难得的艺术作品，又闪耀着中西合璧的光辉，然而这样的器物却未必能在中国流行。与多曲长杯一样，器物内有凸棱而不光滑，虽有观赏性，实用性却大大淡化。唐人常把外来奇异优美的器物作为模仿的对象，但不符合中国生活习俗的器物难以流行，因此凸起的水波纹器物在唐代少见。

鎏金海兽水波纹银碗

徽章式纹样

古代的狮子不是一般人能见到的，所以才有画虎类猫的成语。

狮子为猫科动物，体大雄壮，曾经在亚洲西部广泛分布，传入中国最早的记载是汉章帝章和元年（公元87年）月支国献狮子。此后历代都有外国贡狮的事情发生，文献中提到的有安息国、波斯国、康国、吐火罗国、拂林国、米国、大食国等，直到康熙年间，还有葡萄牙使臣贡狮。在宋代以前，狮子都来源于中亚和西亚；北魏时，洛阳城中还专门辟一坊之地来饲养狮子，取名为“狮坊”。不过，古代的狮子不是一般人能见到的，于是造成了画虎类猫的情况。《宋云行纪》中宋云说，他在中亚看到的狮子：

> 观其意气雄猛，中国所画，莫参其仪。

的确，那时被称为狮子的图像雕刻，更像是人们“想象”中的动物。直到唐代，狮子的形象才接近写实。

鎏金双狮纹银碗的内底以鱼子纹为地，中心有凸起鎏金双狮，相对衔以花枝，下方也有花枝，周围环绕着卷叶纹圆框。腹壁锤揲出十个连体花瓣的轮廓，十分流畅，犹如波浪，也似花朵，透映在内外腹壁上。就器物整体装饰手法而言，双狮几乎是单点式，而且鎏金，还焊接在碗底，呈浮雕状，十分醒目，带有明显的西亚、中亚艺术元素。何家村出土的双狮纹单柄金铛、海兽纹十四云瓣银碗等，也都在器内底中央饰浮雕纹样，中央主题纹样虽不同，外圈以联珠组成，属于萨珊银器中经常见到的“徽章式纹样”的装饰意匠。

狮子极力突出硕大的头部和健壮的四肢，虽然不成比例，却矫健灵动，威仪凶猛，显然被视作瑞兽而神化，符合当时人想象中具有神奇力量、能使百兽敬畏的狮子特征。此外，从内底的双狮纹复杂精细，而碗壁仅有花瓣轮廓上看，也许这是一件尚未完成的作品，那些花瓣轮廓还将进一步錾刻其他纹样。或者工匠加工到这一步骤后，发现简洁花瓣配以鎏金的双狮，出现的鲜明对比也很别致，于是就此停止加工。

鎏金双狮纹银碗

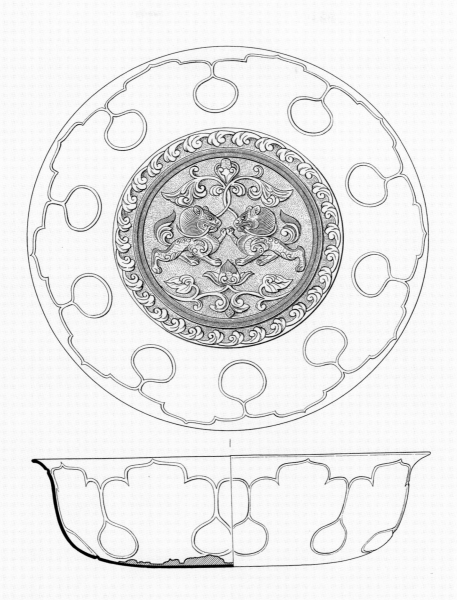

脚踏翔云身带翼　金镀眼睛银帖齿

毫无疑问，最引人瞩目的是盒盖中心的狮子，它与其他狮子相比，更加神异。

鎏金飞狮纹银盒采用了满地装的手法，纹样密不透风。器物整体以鱼子地为纹底，錾刻丰富的纹样。为了突出纹样，花纹全部鎏金。盒盖上分内外两区纹饰，内区是以双联珠纹夹棱形带点组成的圆环，里面是脚踏翔云身带翼的飞狮。狮目圆睁，张口亮舌，双耳竖立，四肢健壮，其中一肢翘起。外区是两种、六朵团花，其间以缠枝相连。盒的底部中央，主题是一朵图案化的大团花，四周为六朵稍小的团花，之间插以变形卷云花枝纹。盒的侧面錾刻飞禽、走兽与莲叶等卷草组成的连续图案。

毫无疑问，最引人瞩目的是盒盖中心的狮子，它与其他器物上的狮子相比，更加神异。隋唐时代，图像中的狮子已经接近写实，这是与前代最大的不同，如唐代帝王陵园四门均由稳健、威猛的狮子把守，它们代表了唐代狮子的总体样式。但银盒上的狮子并非蹲坐的形态，

而作飘逸的奔走状，犹如“虎化”的天禄、辟邪。这令人想起唐太宗贞观九年（公元635年）得到康国献的狮子后，命虞世南作赋赞誉：

> 瞋目电曜，发声雷响，拉虎吞貔，裂犀分象，破道兕于𨃺腭，屈巴蛇于指掌……

把来自远方的狮子描述得很神秘。牛上士也曾写《狮子赋》，突出狮子的威仪。唐代民间还有以舞狮子为中心的西凉伎，白居易《新乐府·西凉伎》描写道：

> 假面胡人假狮子，刻木为头丝作尾。金镀眼睛银帖齿，奋迅毛衣摆双耳。

这件银碗上的狮子，大概接近当时人心目中充满幻想的形象。

波斯萨珊银器中常有带翼兽纹，带翼兽的四周加有圆框，被称作“徽章式纹样”。唐代金银器接受了这种设计，何家村遗宝中有不少实例。鎏金海兽水波纹银碗的内底也是水波纹中混杂些怪兽的“徽章式纹样”。鎏金飞狮纹银盒的带翼狮子的塑造尚未完全本土化，但周围的团花成对布局手法却是唐代常见，反映了与外来文化的融合。“徽章式纹样”在中国流传过程中发生了改变，首先取消了圆框中的动物，代之以唐代流行的宝相花类，有的银盒的盖与底上并存了动物和宝相花两种风格的徽章式纹样，公元8世纪中叶以后甚至取消了圆形的边框。

鎏金飞狮纹银盒

5 金石延年

仙药之上者丹砂
铅银可为器养丹砂
以黄金为器则益寿
药铫夜倾残酒暖
铛盛水银　投丹煎之
银器内熬成膏子
道教投龙　祈愿神灵

生死问题是人生哲学上的重大问题。生必有死，但所有人都希望延年益寿。因而齐侯才会有“古而无死，其乐若何”的发问，就连青壮年时曾嘲笑秦始皇和汉武帝服用丹药的唐太宗李世民，在晚年时亦“念念不忘，长生不死”。

仙药之上者丹砂

丹砂，在炼丹术中必不可少。而光明砂，为丹砂中最名贵的。

唐太宗李世民早年并不相信神仙之说，在驰骋疆场、出生入死的青壮年时代，还曾嘲笑秦始皇和汉武帝用丹药的行为。可当上皇帝后，随着年事渐高，体质每况愈下，便常邀请道士名医“问以摄生之道”，对道教神仙的思想态度发生了变化，逐渐开始迷恋服食丹药。丹药中重要的是丹砂，在炼丹术中必不可少。“丹砂”赤红色，《神农本草经百种录》中记载：

“大粒光明砂”银盒

> 丹砂味甘，微寒，主身体五藏百病，养精神，安魂魄，益气明目。

中医常用此药治心热烦躁、咽喉肿痛，以及润肺止咳、清肝明目等。

何家村遗宝中有各种金、银盒28个，盒的样式很普通，其重要之处在于里面装着物品，有的盒上的墨书题字清楚地记载着里面装的各种药物，如次光明砂、光明碎红砂、光明紫砂、红光丹砂、丹砂、朱砂、上上乳、次上乳、次乳、白英、紫英、珊瑚、琥珀、密陀僧、黄（金）粉、金箔、麸金等。现代中医也认为，这些药物大都具有镇静安神、益气明目、健五脏提精神的作用。

从题记中可以了解到，当时人已能够区分药物质量的优劣，他们普遍使用“两”甚至“分”做计量单位，在实际使用时要严格控制服药的剂量，这为研究中国古代医药史、道教炼丹史乃至化学史提供了极其珍贵的实物资料。

素面“大粒光明砂”银盒，盒盖的内、外壁上分别以墨书写着盛放物品的数量和种类,其中有“大粒光明砂一大斤”。“大粒光明

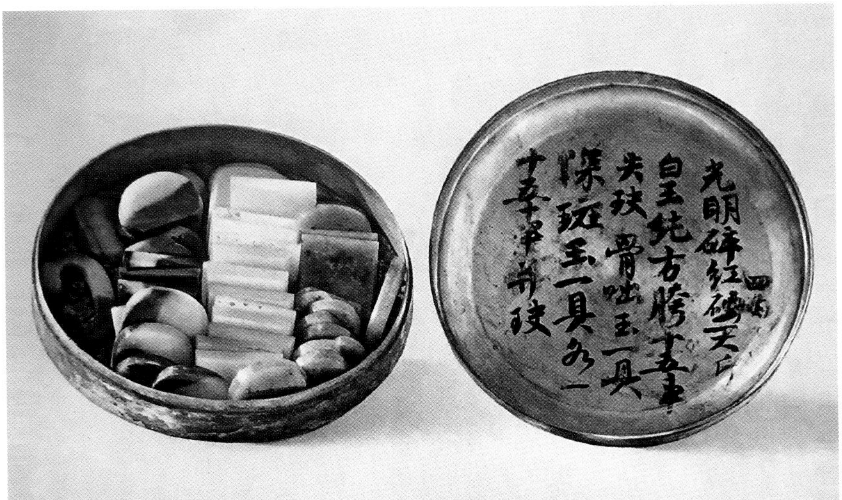

“光明碎红砂”银盒

砂”即所谓朱砂，也称为“丹砂”。光明砂是丹砂中最名贵的，《唐本草》卷三云：

丹砂大略二种，有土砂、石砂。……其石砂有十数品，最上者为光明砂。

盒中的“大斤”“大粒光明砂”实测重量746克。

参照其他银盒的墨书题记，何家村遗宝中总共发现有7种丹砂，还有3种钟乳石，以及虎魄、麸金等。这些矿物质药物当然也是古人炼丹的主要原料。炼丹是用各种无机物，包括矿物和金属，经过处理制作药物。制成的丹药少量服用可以起到安神、镇静的作用，但服用过多就会使人中毒，所以长生不老是一种荒诞的追求。《资治通鉴》卷一九九载：唐太宗服食“延年之药”，临终前却“苦痢剧增”，也许就是丹药中毒所致。唐代宫廷斗争紧张激烈，身心憔悴的皇帝们大多热衷于服食丹药以期健体，却常常引发悲剧，其中竟有宪、穆、敬、武、宣宗5位皇帝，因服食金丹，中毒身亡。

“次光明砂”银盒

铅银可为器养丹砂

古代炼丹术所用的工具，见于文献的大约有十多种。

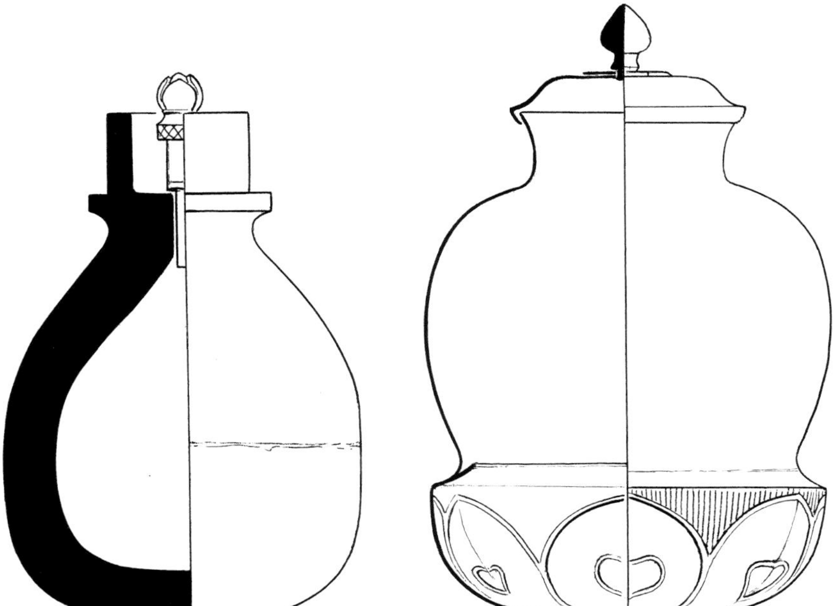

银石榴罐

银仰莲瓣座罐

何家村的药具及药物，是迄今为止唐代最系统、最完整的一次发现。器物中有4件形制大致相同的银石榴罐。“石榴罐”是现代人起的名字，器物的特点是小口、长颈，长颈与腹部相接处留直径约为0.5厘米的小孔，孔内有柱塞。器壁极为厚重，腹部有一周明显的焊接痕迹，应分两半浇铸，焊接成型。颈部也是焊接在罐口之上的。如此厚重而口部狭小的器物十分奇特，很容易令人想到炼丹。古代炼丹术所用的工具，见于文献的大约有十多种，其中有石榴罐，是加热使罐中生成水银蒸气，再到冷水中形成液体水银的器具。这件被叫作石榴罐的器物是密闭容器，下面有孔，可以流入、流出液体。

银仰莲瓣座罐的造型更是特别，上部为罐形，下部却是一圜底碗状的底，而且大出器体，像是一个“不倒翁”。碗底很厚，饰仰莲瓣一周，罐体与仰莲座分别制好后焊接起来。奇特的是，底部有一直径约为0.9厘米的小孔。器物原来通体鎏金，但大部分已脱落。看来这是一件使用过的器物。

银石榴罐、银仰莲瓣座罐目前仅见于何家村，最初的报告将其归入日用品类。由于十分特殊，参照遗宝中还有金、银等药具以及器物中盛有的丹砂等药物，故它们被认为是古代炼丹的器具。中国炼丹的历史约出现于公元前2世纪的汉武帝时代，后来一直盛行不衰。唐代炼丹术更发达，《新唐书·方技传》载，唐高宗“悉召方士，化黄金治丹”。唐玄宗也召集道士张果、孙甑生炼丹。古代炼丹和医药有密切关系，许多炼丹家兼搞医药，医家也兼搞炼丹，他们的著作中对于医药和丹药往往没有一条清晰的界限。关于炼丹术，《诸家神品丹法》中即有用“辰锦砂四两，银器内，用百花蜜煮七日夜足”，及“用生黄精自然汁，银器内熬成膏子”等记录。银石榴罐、银仰莲瓣座罐器形较小，银石榴罐长颈有小孔，银仰莲瓣座罐底部有孔，推测为炼丹之用似无不可。从初唐的太宗，到唐末的僖宗，很多皇帝为了延年益寿都服食丹药，这类器物也许反映了唐代炼丹的盛行以及皇室贵族们对长生的渴望。

以黄金为器则益寿

道教方士们认为，将炼丹原料盛放在金银器中，沾染些许金银之气，能巩固和提高药效。

自汉代兴起的道教，信奉者的一个重要行为就是服食丹药。晋葛洪的《抱朴子》中，系统地讲述了丹药怎样炼成，有些什么作用等问题，此风尚唐代更盛。道教方士们认为，黄金与丹砂乃神丹妙药之根本，服食那些千年不朽、百炼不消的矿物、金属，以及经霜耐寒的植物合成的丹药，能使人骨健筋强，长寿千年，躯体不朽不腐。

材质珍贵的器具用来盛放珍奇物品理所当然，所以古人用金银制作的器具珍藏名贵药物。何家村遗宝中有素面圈足银罐、素面平底银罐、素面三足银罐、素面三足束腰形银罐。这些都是难以解读的器物。仅从形态上看，都是唐代常见的器形，在玉石、陶瓷以及壁画石刻中也能见到。但其他器物形体通常都很大。唐开元六年（公元718年）韦顼墓石椁线刻图中，有一侍女手捧三足罐，从人物和器物的比例上看，三足罐只是一般生活用具。而何家村这几件银罐体态很小，器高分别是3.5～4.65厘米。银罐的共同特点是都有盖，扣合得非常紧密，子母口严丝合缝，似乎连空气都无法进入，以至于时过1 000余年，内壁的银白色仍然铮亮如新。

毫无疑问，这些小银罐的用途特殊，他们也许就用来盛装与炼丹有关的药物。方士们认为，将炼丹原料盛放在金银器中，会沾染

小银罐

金银之气，能巩固和提高药效。如《金华冲碧丹经秘旨》中有：

用足色黄金十一两，作匾合子盛。

《丹方鉴源》载：

山泽熟金……制朱砂水银，若为器，……缘纳金气于内。

神秘的炼丹养生的观念加深了人们的幻想，人们以极大的热情投身精致器物的制作中。这些小罐的制作难度很大，都是锤揲成型。带三足的小银罐，焊接的缝隙出现许多绿锈，应是用锡、铅和铜为主合成焊药焊接的，日久腐蚀后就会出现绿锈痕迹。古代无论是炼丹还是采药、制药，种种实验都取得了重大成就，对于工具、盛装用具的精细制作也起到了促进作用。这几件小巧玲珑的器物本身也似乎增添了灵异的感觉。

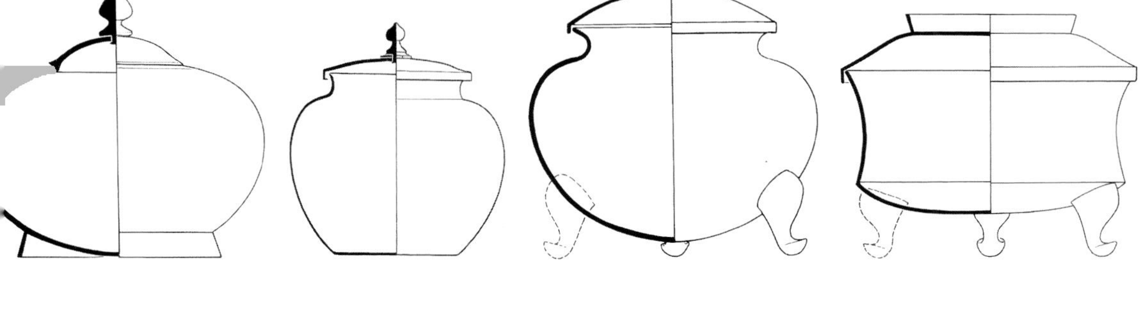

药铫夜倾残酒暖

至今民间仍使用这类用具温药或煎药。

如今中国各地可以见到很多药王庙，用来感激和怀念在中国医学史上取得伟大成就的孙思邈。史载他从小体弱多病，求医问药几乎耗尽了家资，深切感触到：

人命至重，有贵千金一方济之，德逾于此。

于是把“千金”二字冠在自己的医药著作上，称《备急千金要方》。书中除了论述诊治方法、药物功能外，还记载了一些药具，如：

秤、斗、升、合、铁臼、木臼、绢罗、纱罗、马尾罗、刀、砧、玉槌、瓷钵、大小铜铫、铛、釜、铜铁匙等。

这些药具有些至今仍在使用，也有一些名称样式失传。何家村遗宝中部分器物成组成套，比照《备急千金要方》等古代医药著作，其中一些可能是贮藏、煎制药物的器具。

这件器物以前曾定名为金药铛或金药锅，后来与文献对证改称金铫。理由是孙思邈《备急千金要方》所列的各种药具中并列有钵、铛、釜及“大小铜铫”，而这件器物的内底有三行墨书题记，内容是：

旧泾用　十七两　暖药。

《说文》云：

铫，温器也。

所以认定此器物叫铫，主要用来温药。

铫是有柄有流的器物，不仅有铜、银、金质，还有石质。这件金铫口沿一侧有流，与流垂直90度相邻的一侧有柄。柄由金质的短柄和银质的长柄组合，用活动的合页衔接，可以180度转动。可惜金短柄外沿处齐口断掉。从金铫内壁残留的遗迹来看，金铫曾被长期使用。

铫的用途很广，白居易《村居寄张殷衡诗》里有：

药铫夜倾残酒暖，竹床寒取旧毡铺。

苏轼《试院煎茶》诗中有：

且学公家作茗饮，砖炉石铫行相随。

看来铫也用来温酒、沏茶。道教炼丹药也用铫，宋代的《云笈七签》、《诸家神品丹法》都提到利用金汞齐制造金粉的《化庚粉法》：

先取铅三斤于铫子内镕作汁，以杓子抄在合足。

北宋《感气十六转金丹·九炒芽方》云：

恐铫药沸涌，接皂角水洒之，莫令涌出。

素面金铫

铛盛水银　投丹煎之

金银制作的铛，因为体量较小，大概不会用于煮饭烧肉。温酒、煎茶、煮药、炼丹，或许是其用途。

素面短柄三足银铛

铛有时也写作鎗，为煮饭器具，也可以煮肉、温酒，还有茶铛、药铛等。虽然属于釜、锅一类的器物，但造型特点是带柄，有足。所以《太平御览》卷七五器物部引《通俗文》曰：

> 鬴（釜）有足曰铛。

《古今通韵》卷六云：

> 铛，釜属，有耳足者，一曰温酒器也，通作鎗。

铛是什么时候出现的？东汉时的一部笑话集《笑林》中讲述了一个故事：

> 太原人夜失火，欲出铜鎗，误持熨斗，便大惊怪曰："异事，火未至，已被烧失脚。"

故事是说，一个糊涂的太原人在遇到火灾时，慌乱中本想把"鎗"带出来，却误拿了"熨斗"，然后竟然说，火还没到，怎么"鎗"的足已被烧掉了？古代的铛与熨斗是两种生活器具，样式很像，铛只比熨斗多了三足。所以古人看了这个故事能会心地一笑。

铛的用途很广泛。《齐民要术》提到多种化妆品的加工配制方法，其中"合香泽法"，其云：

> 鸡舌香、藿香、苜蓿、泽兰香，凡四种，以新绵裹而浸之。夏一宿，春秋再宿，冬三宿。用胡麻油两分，猪脂一分，内铜铛中，即以浸香酒和之，煎数沸后，便缓火微煎，然后下所浸香，煎。缓火至暮，水尽沸定，乃熟。以火头内泽中，作声者，水未尽；有烟出

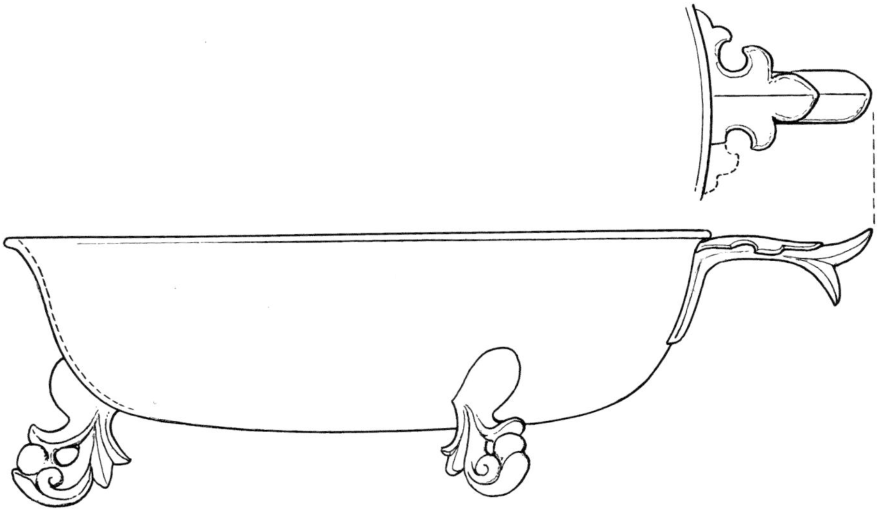

无声者，水尽也。泽欲熟时，下少许青蒿以发色。以绵幂铛嘴、瓶口，泻着瓶中。

金银铛多作为炼丹具和药具。宋黄休复《茅亭客话》曾记载一个骗子，得知当地酒家老板获道士所赠丹药，药到病除，遂索要剩余之丹药后，

以铁茶铛盛水银，投丹煎之，须臾水银化为黄金。因是将丹与金呈蜀主，云：此金为器皿，可以辟毒。为玩物，可以祛邪。若将服饵，可以度世。蜀主问合丹之法，云：有草生于三学山中，乞宰金堂，以便采药。乃授金堂宰。明年药既无成，知其得丹于柳条，遂诛之。

就说了一个用铁茶铛做丹药的故事。

金银制作的铛，大概不会用于煮饭煮肉，因为通常体量较小，

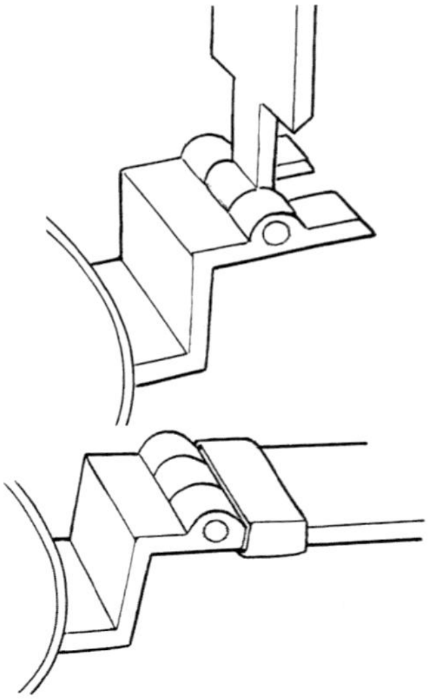

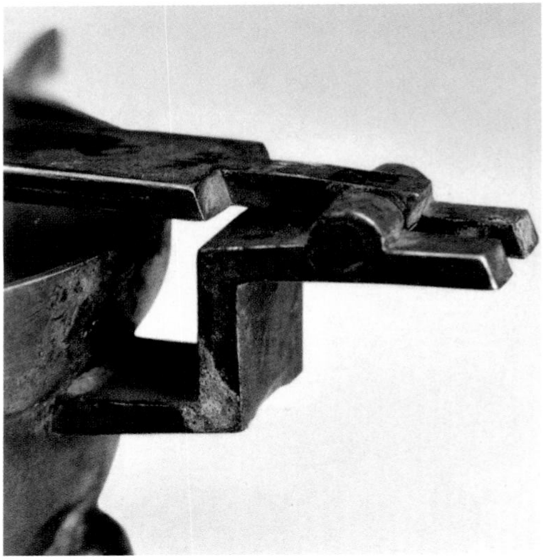

口径一般在10厘米至20厘米之间，通高10厘米至18厘米之间。可以用来温酒，南朝乐府诗《三洲歌》云：

湘东酃醁酒，广州龙头铛。

何家村遗宝中有双狮纹短柄三足金铛和素面短柄三足铛，造型大致相同。素面短柄三足银铛，器身呈圜底碗形，有三足；柄是叶芽状的短柄，柄上还有云曲状指垫。出土时三足仅存一足，已与铛身脱离，后来复原时将足焊接上。铛通体素净，有黑色斑驳，疑为使用痕迹。

铛的柄上可装饰龙头之类动物形象，如《三洲歌》所记。宋高似孙撰《纬略》卷四古铛条云：

古铜铛者，龙首三足。

素面长柄三足银铛

偃师杏园唐墓M2603出土一铜铛，柄端则呈凫头形，口沿部附一短流如凫尾，下安弧曲的三只高足。洛阳开元二十六年（公元738年）李景由墓出素面短柄圜底银铛，一侧有叶芽状柄，只是不带三足。民间使用铛，可以是陶瓷制造的，如陕西西安东郊西北国棉五厂开元二十年（公元732年）29号墓出土一件黑褐釉瓷铛。《新唐书·韦坚传》记载豫章特产有名瓷、酒器、茶釜、茶铛、茶碗。瓷铛大概主要用于茶具。

铛的柄可以做到很长，为了方便放置，柄可以折叠。长柄银铛，能寻觅到相似的器型，在早期器物中即鐎斗。鐎斗也有长柄，下有三足，出现于汉代，多为铜质。《史记·李将军列传》集解引孟康云：

> 以铜作鐎器，受一斗，昼炊饭食，夜击持行，名曰刀斗。

由于鐎斗也有三足，带柄，其功能为煲汤温热用的锅，六朝时期其腹部出现方便倾倒的流，足也变高，以扩大器底受火的接触面。鐎斗与铛从外形上看几乎没有区别。

何家村的素面长柄三足银铛，颈腹间安有半圆形短流，流身稍上翘。腹部焊一有活页的曲齿连接长柄。别致之处在于，长柄根部有合页，可使长柄折叠，并有滑动锁扣用于固定。腹下焊有三蹄足。腹内底有“十二两”墨书题记一行。洛阳齐国太夫人墓出土一件素面长柄银铛，没有三足，带盖，应是铛的变体。

铛可作温酒器、茶具及药具。如果参照何家村同时出土的药具及药材，这件折柄银铛可能是暖药及熬药之用。中医对药物的煎制很讲究，熬制药物需要专门的器皿，铛的柄可防止烫手，底部加温方便，也许中医就是借鉴了原来作为炊器的鐎斗，发展出用银制作的药具。

银器内熬成膏子

古代文献中，曾记载熬药用金、银锅。

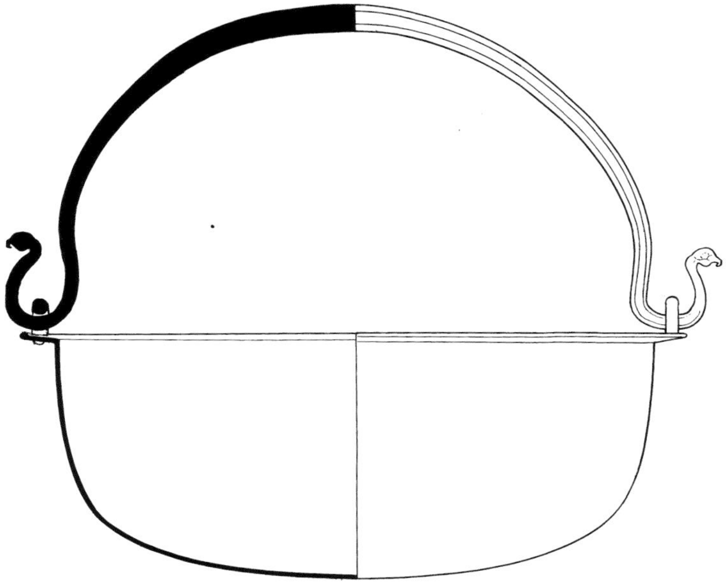

素面双耳提梁银锅

何家村遗宝中有5件银锅，4件有环形提梁，形制上大同小异。最大的一件高7.1厘米，提梁高9.6厘米，口径19.2厘米。圜底，折沿上铆接一对圆拱形立耳，环形提梁两端套挂在立耳孔中，器物内底有墨书题记“一斤二两半”。还有一件为素面双耳银锅，侈口，腹部向外鼓出一周突棱，平底。锅沿有相对的双耳，耳上立环状把手，大概原来也有提梁。

唐代宫廷和贵族崇尚奢华，金银为生活器皿的并不少见，在首都长安为安禄山安排的府第中，

> 厨厩之物皆饰以金银，金饭罂二，银淘盆二……

《杜阳杂编》记述咸通九年（公元868年）同昌公主出嫁时，

> 罄内库宝货以实其宅，……又以金银为井栏、药臼、食柜、水槽、釜、铛、盆、瓮之属。

其中的“釜”可以称之为锅。这种“釜”或“锅”也有可能为茶具，唐代饮茶活动中，釜是不可缺少的用具。不过这四件提梁银锅体量都不大，按其大小无法作为炊具，器物质地为白银，也不适合做饭，现代人定名为锅，只因形状像锅。如若煎茶、熬药，大小亦合适。

在日常生活中，一种器物多种用途，也常见。唐代生活中的器皿种类比后代简洁，一器多用甚为普遍，比如碗，既可以盛饭，也可以饮茶、饮酒，不过一旦用金银器制作，就可能有专门用途。古代文献中曾记载熬药用金、银锅，如王焘《外台秘要方》常提到银锅熬煎药物的方法；由于遗宝中还有大量的丹砂、钟乳石、石英等药物，故这些银锅极有可能是医药用具。银锅也可能与炼丹有关，《诸家神品丹法》中有“用生黄精自然汁，银器内熬成膏子”，《丹方鉴源》则有“铅银……可为器，养丹砂”的记载。

道教投龙　祈愿神灵

12条小金龙宛若群龙相邀，奔走山河。

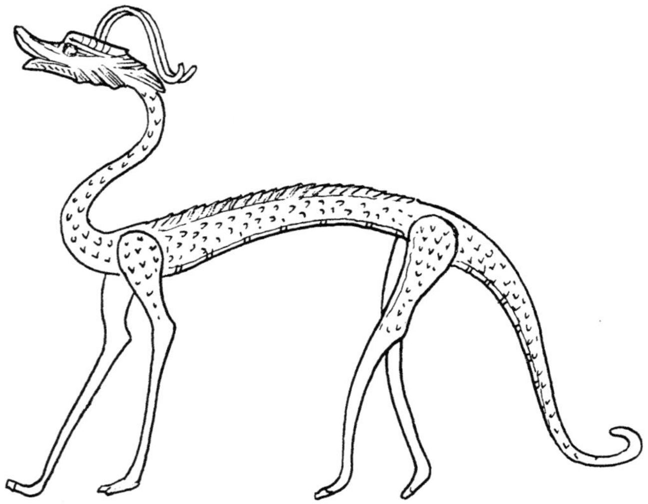

有一个传言，说何家村的一个陶瓮中盛放的那件著名的鎏金鹦鹉纹提梁银罐，罐口扣合极其严密，发现时罐内有水，一包金箔漂浮其上，有12条小金龙井然有序地站立在上面。银罐里面的水中还有红、绿、蓝等宝石。根据这一说法，有人推测小金龙是有意地、专门这样放在里面的，还引申出水养宝石、金龙镇魔等等说法，甚至断定拥有者是一位精通妖术的人物。虽然这个传言来自在场人多年后的回忆，但未必可靠。试想：银罐里边有水，水的上面有漂浮的金箔，金箔上还站立12件小金龙，埋在地下一千多年岂能纹丝不动？这几乎是不可能的。且不说历史上的地震等，即便现在都得采取一些办法让这些小金龙站在展柜里，放在漂浮水上的金箔上，更难以想象。

但是，这些金龙与道教有关还是有可能的。古代道教中有“投龙”的仪式：先做一个坛场，放置龙、璧、简等供奉诸神，摆放时龙头朝向神灵。仪式结束后，要把简和金龙投向山涧、大河或者湖泊，向天、地、水三个方向祈愿。最高级别的祈愿仪式中，龙是金质的。何家村的小金龙体形小巧，纯金浇铸而成，只有4厘米长，2.8厘米高，刻画精微，龙首高昂，尾部舒卷，躯体修长，四肢劲健，周身鳞片一丝不苟。每件各显其姿，虽不一样，却都是行走状态，宛若群龙相邀，悠闲出游。如果是道教“投龙”仪式所用，也非一般人能有，考古发现曾出土过金简、铜简、玉璧，这是首次看到金龙。

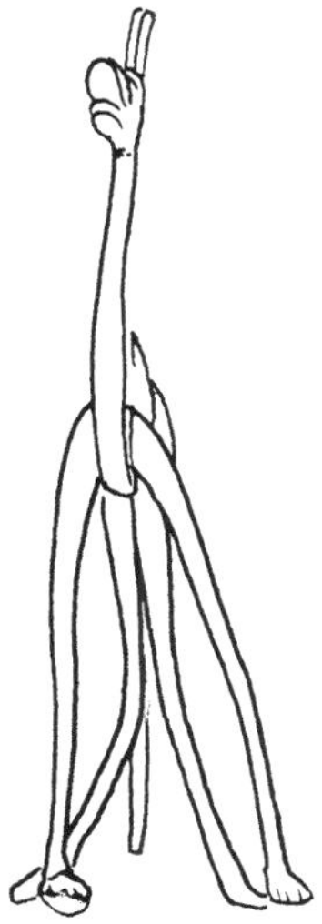

赤金走龙

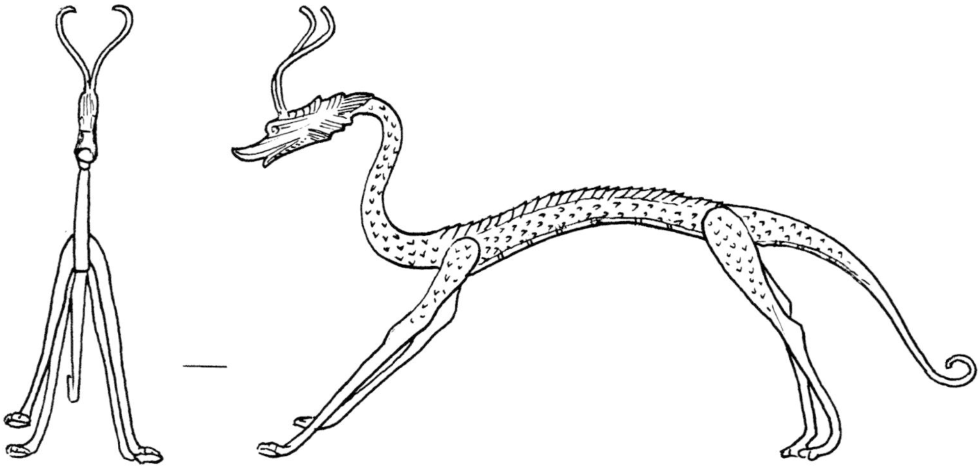

[1] 马缟《中华古今注》卷上。

[2]《古泉汇》载:“翁宜泉曰:轨复五铢后，又造此钱欤，抑辅言复五铢，而轨乃造此新泉欤，均未可知，然为前凉物无疑也。”

[3] 孙机:《七驼纹银盘与飞廉纹银盘》,《中国圣火》，辽宁教育出版社，1996年。

[4] 芝田悟:《和同开珎银钱の再检讨》,《古代の银と银钱をめぐる史的检讨》平成十六年(2004年)，アイプリコム印刷。

[5] 郭沫若:《出土文物二三事》,《文物》1972年3期。

[6] 宇文融:《奉和圣制左丞相说右丞相璟太子少傅乾曜同日上官命宴都堂赐诗》。

[7]《唐律疏议》卷二六《杂律》舍宅舆服器物条。

[8] 蔡鸿生:《唐代九姓胡与突厥文化》，中华书局，1998年，46—53页。

叁 没有结束的结语

不必讳言，直到现在还说不清这批遗宝的深远意义和它们背后隐藏的历史，不断地探索中总有新的收获。

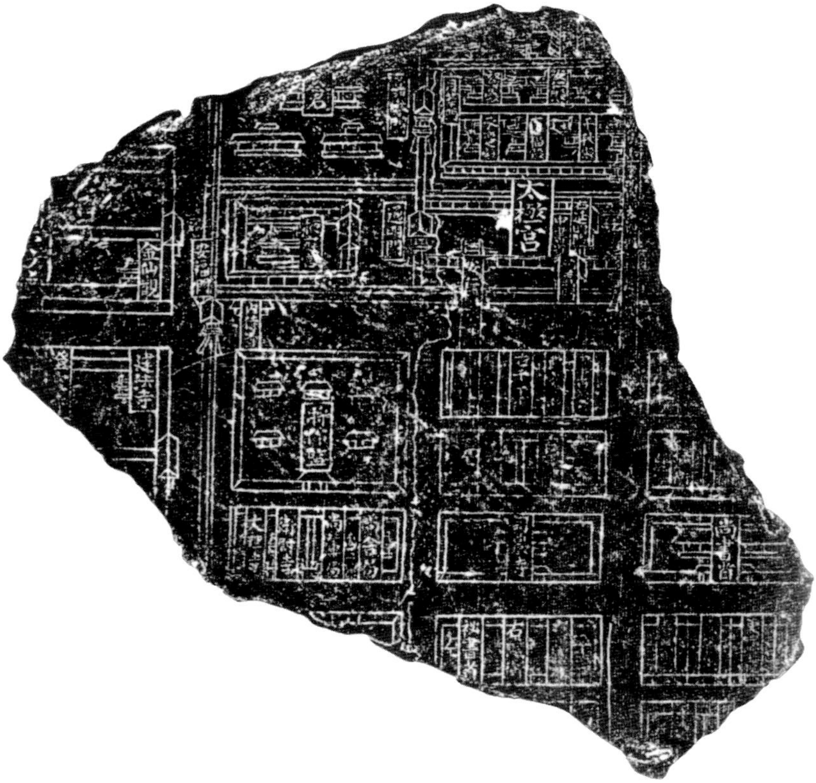

太極宮

1 思想碰撞

花舞大唐春
邠王李守礼家藏？
贵族家藏？
道教遗存？
作坊遗物？
收藏家？
无法兼容的诸说

何家村遗宝究竟属于谁？它什么时候被埋入地下？诸多看法并存，到底孰是孰非？

花舞大唐春

这可谓一次学术重新“发掘”。

《花舞大唐春》

对何家村遗宝重要器物的解读，可以参阅《花舞大唐春》这部图录。《花舞大唐春》对每件器物都有详细的说明和研究，还附有几篇论文，书后有《陕西历史博物馆藏何家村遗宝一览表》。自1970年何家村遗宝出土，只有一个简单的报道对部分器物进行了介绍。遗宝亮相于国内外各种展览时，一般只几件现身，刊布信息也很分散，人们很难了解其全貌。《花舞大唐春》的重要，就是从何家村遗宝总共1000多件文物中，选择了74件（组）精品，如果除去466枚钱币以及大量同样的器类，基本反映了何家村遗宝的全貌。

图录出版于2003年5月，正逢北京大学隆重举办赛克勒考古与艺术博物馆10周年庆典，作为庆典的特殊“贺礼”，陕西历史博物馆和北大考古文博学院在国家文物局特批下，联合举办了西安何家村遗宝精粹展。筹备展览时，在北京大学的徐天进、齐东方，陕西历史博物馆的马振智、申秦雁的策划组织与协调下，多人共同努力，将那些国宝逐个从库房、展柜中取出，仔细观察，重新照相、绘图、测量。最终的图录和展览是对何家村遗宝的一次学术重新“发掘”。

这部图录揭示了不少以前无人知晓的现象，如“兽首玛瑙杯”，首次拍摄了口部金帽打开的细节；著名的“鎏金舞马衔杯银壶”，公布了两侧的图案；“鎏金线刻飞廉纹银盒”，过去因为通体鎏金而被误认为是金盒，此次不仅确认了是银鎏金，而且还发现了上面浅浅刻出的纹样。在很多器物上都发现了“新”纹样、新工艺，对很多器物的观察都有了新的认识，为研究者提供了值得关注的信息。故借用初唐诗人卢照邻《元日述怀》中的“花舞大唐春”为图录和展览的名称，以表达遗宝的燕婉热闹。

何家村遗宝由各种具体器物构成，又像是一个复杂而完整的躯体，是一个社会的缩影。《花舞大唐春》参照当时的社会背景、思潮流变、时代风格，从对器物个体的解读，扩展到对群体的阐释，只有这样，才会得出接近事实的结果，遗宝的价值也能有真正的体现。

邠王李守礼家藏？

难以想象，荒淫无度，挥霍负债的李守礼，会有如此珍宝。

何家村遗宝是邠王李守礼的家藏，这一说法流传了很久。仔细推敲，这种可能性几乎没有。首先，李守礼死于开元二十九年（公元741年），遗宝中的很多物品的制造明显晚于这个时间。其次，李守礼有子女六十余人，他却玩世不恭，负债累累，虽享年七十余岁，但晚景凄凉，不大可能拥有和保存大量财宝。第三，何家村遗宝出土地点不在邠王府。

邠王李守礼在《旧唐书》和《新唐书》中均有记载，唐史中的名气不大不小。有些名气的原因之一是借其父和其女之名。他的父亲是在文学和史学上颇有造诣的一代储君李贤，曾召集当时学者等注释范晔《后汉书》而留名于后世。不仅如此，李贤是武则天和高宗李治所生，曾立为皇太子。按照对唐史的通常解释，武则天执政时，大杀李氏宗枝以巩固自己的权势，李贤是被杀的著名的李唐宗室成员。被杀的直接起因是，深为武则天所赏识的宠臣明崇俨为盗所杀，此事怀疑到了李贤头上，武则天下令侦办时，又在东宫马坊中搜出几百副盔甲，企图谋反的证据“确凿”，于是李贤被废为庶人，紧接着流放巴州（今四川巴中市）。为防后患，武则天又派将军丘神绩前往巴州李贤家中，逼令其自杀。李贤死时年仅32岁。直到武则天死后，丧柩才迁回京城陪葬乾陵。李守礼的长女，被中宗皇帝所爱，自幼养于宫中，神龙三年（公元707年）四月封金城公主，景龙三年（公元709年）出降吐蕃赞普赤德珠丹，是继文成公主后，唐蕃和亲的另一位大唐公主。

李守礼本人年幼时因父罪受牵连，囚禁于宫中十余年不准出庭院。武则天死后，父亲得以平反昭雪，李守礼也被进封为邠王。史书记载他一个奇特的事情，人们说他有“特异功能”，能准确预报天气。李守礼解释说：当年因父李贤遭迁谪，自己被幽闭于宫中十余年，每年被敕杖数顿，身上伤痕疤迹甚厚，一遇阴雨天，脊上沉闷，欲晴则清爽，故能预知天气的变化，并非有特殊本领。李守礼的生平表现很糟糕，唐玄宗开元初曾任虢、陇、襄、晋、滑、幽六州刺史，但他却不尽职守，沉溺于弋猎、酒色之中，故而被召回。《旧唐书》说他：

> 才识猥下……多宠嬖，不修风教，男女六十余人，男无中才，女负贞称。

有好心人规劝说，你年事渐高，家庭负担很重，必须要注意节俭，李守礼却满不在乎地回答：“难道有天子的哥哥死后会没人安葬？”此话传出，被当作宫中笑料。据统计，何家村出土的纯金器物的重量，等于当时全国三年的黄金税，出土的银器总重量，相当于唐元和初年全年银矿税的三分之一，且不说还有其他美玉宝石。荒淫无度、挥霍负债的李守礼，会有如此珍宝，实在难以想象。

贵族家藏？

诸多器物，绝非一般人甚或高级贵族所能拥有。

既然不是邠王李守礼的家藏，那么回避具体人物，笼统的贵族说成了最容易被接受的说法。长安城内居住着大量豪富，但是考古发现的遗物不是空泛的"珍宝"、"财富"，而是实实在在的具体物品，可以逐个考证、整体观察。

这批遗宝有无可能是某贵族的家藏呢？应该没有可能。遗宝中有银饼22块、银板60块。有的银饼上的文字明确指出是"庸调"银，就是上缴国库的赋税，原封未动。有的银饼带有"东市库"墨书，亦为官府藏物。"租庸调"是唐德宗公元780年实行两税法前的赋税制度，唐代开元、天宝时对缴纳的具体物品限制不太严格，许多物品都能折成银来上缴。征收过程是先送到官府，由专门的官员检验合格后纳入国库。个人拥有税收来的银饼、银板的可能性不大，更不用说是大量拥有。另外遗宝中有玉带銙10副。唐代服装革带上的装饰有玉、金、银、鍮石、铁等多种材质，分别代表不同的等级，文武官三品以上才能用玉带。如同今天一位将军，没有必要准备十套礼服一样，唐代无论官品多高，个人也无须拥有如此多的玉带。因此，假定何家村遗宝为其他贵族的家藏的可能性也不大。很多器物造型之优美，纹饰之流畅，内涵之丰富，寓意之深刻，工艺之精湛，艺术水准之高超，绝非一般人甚或高级贵族所能拥有。

道教遗存？

道教炼丹之物，在何家村遗宝中占比甚小。

何家村遗宝是否可能是道家的遗物？首先应该肯定，遗宝中有成组成套的金银药具。一些银盒内还盛装朱砂、石英、琥珀、石乳等，这些药物大都有镇静安神、益气明目、健五脏提精神的作用，故被认为是炼丹的主要原料。药具、药物很可能与炼丹有关，不过进而推测拥有者应该是一位热衷于道教炼丹术的人物，甚至认为何家村窖藏是道教遗迹，问题很大，可能性更小。

遗宝共有1000余件文物，即便那些医药具、药物是道教炼丹物品无疑，它们在大量遗物中所占比例甚小。相反，遗宝中还有历代钱币、玛瑙、琉璃、水晶器、金银器皿等，甚至有来自波斯、东罗马、日本的货币，反映官府税收的银饼，代表官员等级身份的玉带，等等。如果是道教主人或道教遗存，无法对更多的遗物作出解释。我们不仅要对可能相关的器物充分论证，对其他遗物也要有回应。撷取一些可能与道教有关的文物，忽略了更多的实例，而将其推导为道家遗物，遗物间相互矛盾太大。像十幅玉带銙这类高官等级标识的用物，道家恐怕是不该也不敢拥有的。

作坊遗物？

一个居民居住的坊内，不可能设置如此庞大的手工业作坊。

再看作坊说。遗宝中的确有些器物属于未完成品，如线刻鸳鸯纹银盒、鎏金线刻飞廉纹银盒、孔雀纹银方盒、“白马脑铰具”和“骨咄”玉带等。金银器皿上仅仅刻画出细如发丝的起稿线，或仅刻画了图案的一部分，离纹饰加工的最终完成尚远。有些成组的玉带也是如此，没有纹样，未经打磨抛光，甚至使用时定在皮革上的钻孔也没有，还有多道工序没有完成。对这些未完成品，最好的解释当然是它们属于作坊的物品。遗宝出土时，一个陶瓮上覆盖着一块直径40、最厚处3厘米，重16斤的金属渣块，经化验，渣块中含30种金属，其中包括大量的氧化铅，是人工烧炼的产物，它被判断是唐代炼银的渣块。渣块的发现也容易让人产生与作坊遗址有关的联想。

可问题是，其他大量的器物不仅是成品，还有使用过的痕迹。如鎏金小簇花纹银盖碗，碗身、碗盖的刻铭和墨书文字的标重不同，刻铭标记的重量多于墨书标记的重量，前者应该是器物作成后的称重记录，后者则是重新称重的记录。器物本身又有明显的使用甚至损坏痕迹，也许正是使用磨损后导致重量不一。此外，这件碗的碗盖与碗体扣合不紧密，与何家村其他器物器体与器盖严丝合缝有别。还可能碗和盖原来并非一套，拼合在一起后再称重量并用墨书标记。即便是孔雀纹银方盒，虽然盒身正面孔雀、童子、莲蓬的一部分还没有錾刻完，盒上却有明显的使用痕迹。

虽然难以理解金属渣块的出现，但可以排除与作坊有关的可能。因为何家村遗宝发现后，考古队在长安城兴化坊遗宝出土地点进行了周密的勘探，遗迹四周10至30米内只发现了一些唐代砖瓦，而且深在两米以下，与仅距地表不足一米的盛装遗宝的两个陶瓮一个银壶没有关系，无任何可与作坊相联系的迹象。在过去的考古发现中，唐代章怀太子李贤墓内，也曾发现6块类似的渣块。墓葬中出土渣块当然与作坊无关。因此何家村遗宝没有必要和作坊遗址相联系。

此外，何家村遗宝中不光有金银器，还有精美的玉器、玛瑙、钱币、宝石和外国玻璃等。唐代手工业作坊分工明确，唐代不仅没有综合性作坊，也不可能在居民居住的兴化坊内设置如此庞大的手工业作坊。

收藏家？

谁能有如此的机遇？谁能有惊人的天赋和眼光？谁又具备如此渊博的知识？即便真有非等闲之辈，在古代，从本土到异域、各种材质、各种形制的藏品无不涉猎，难于上青天。

一度有人提出钱币收藏家说。理由是遗宝中有39类466枚钱币，其中有春秋时齐国的刀币“节墨之法化”，战国时赵国的布币“京一釿”，西汉时吕后的“八铢半两”，汉文帝时的“四铢半两”，新莽时的“一刀”、“大布黄千”、“大泉五十”、“小泉直一”、“货布”、“货泉”饼钱、无字“货泉”、“货泉”、剪边“货泉”，东汉时的“五铢”、剪边“五铢”、四出“五铢”，三国刘备时的“直百”、“直百五铢”，孙权时的“大泉当千”，前凉的“凉造新泉”，南朝陈宣帝时的“太货六铢”，北齐文宣帝时的“常平五铢”，北周武帝时的“五行大布”和静帝时的“永通万国”，西域麴氏高昌国的“高昌吉利”，以及唐开元通宝，还有东罗马、波斯、日本等外国金、银币。就数量而言，考古发现中一次出土466枚钱币，并不算多，但一个遗址出土共39类钱币，却不多见。很多钱币种类罕见，也有首次见到的地下出土的实物。钱币如此发现，这还是第一次，目前为止仍属空前绝后。

这些钱币有几个具体特点：1. 唐代以前的古币基本上每个时期仅一枚；2. 有些钱币并非精品；3. 有些钱币属于非流通货币；4. 还有外国钱币。所有的钱币中，时代最早的为春秋时期，年代最晚的为唐天宝年间。

数量多、材质多、年代跨度大、地域广泛，这些钱币谁能拥有呢？为什么会有古币、金银币和外来钱币呢？夏鼐曾说：

> 窖藏的主人是搜集古币和外币的爱好者。

此说被后来一些人采纳，并进一步认为，这些钱币的拥有者不仅仅是喜好、收藏钱币，而且还有能力、有条件铸造钱币。其实，夏鼐的钱币收藏家说只是非正式的推测，甚至是戏言，并没有对整个窖藏进行定性。遗宝中钱币种类虽多，但还有大量的金银、玉、玛瑙、玻璃、水晶、宝石及各种药物，遗宝所有者不可能是钱币收藏家、制造者，甚至泛泛而说的收藏家也不可能。谁能有如此的机遇？谁又能具有惊人的天赋和眼光？谁能具备如此渊博的知识？即便有非等闲之辈，在古代就能无不涉猎地收藏从本土到异域、各种材质、各种形态的器物，那也勉为其难。而且像银挺、银板、银饼之类，在当时并无艺术价值，只是财宝，“收藏”与“拥有”财宝毕竟是两回事。

无法兼容的诸说

这些不同的说法不能互相兼容，根本无法整合。退一步说，其中有的说法必有失误。将各种说法所列举的部分实例证据，纳入全部遗物中整体考察，难圆其说。

邠王李守礼家藏说、贵族家说、道家说、作坊说、钱币收藏家说或收藏家说，等等，尽管各有道理，却经不起推敲。从论证方法上说，这些结论令人想到“盲人摸象”的故事，下结论者片断地用挑出来的器物推而广之作判定，在研究的方法上，有“先立一论，趋史料以就我”之嫌。取部分遗物进行推测，难免使其他遗物流于附会，得出的结论隐含着极大的风险。

而且，这些不同的说法不能互相兼容，根本无法整合。如果是道教遗物，就很难说是贵族家藏，如果是贵族家藏，就不可能是作坊的……退一步说，其中有的说法必有失误。将各种说法所列举的部分实例证据，纳入全部遗物中整体考察，都难圆其说。

不能挑选相关的材料构建论据，来认定遗迹的性质，也不能立下一个标杆，然后勉强附会其他不相关的器物来证实论点，这样的定性论证，从遗宝全部总和及其联系中去观察，就会陷入窘境，矛盾重重而无法自拔。

换一种思路和研究方法，也许会将人们带到一个新的情境之中。何家村遗宝的时代上起春秋，下到唐朝，跨度达千余年。遗宝的来源东起日本海，西至地中海，幅员数千公里。如此复杂的器物种类聚集在一起，拥有者绝非一般。接下来要思考的是，不能满足于怀疑、否定各种说法，还要找出更合理的解释，争取用一个句号取代许多问号。

2 破解悬疑

慌乱中的埋藏
遗宝来自何处
为什么如此仓促地被掩埋？
谁有能力埋藏？
刘震其人
《无双传》的故事
破解悬疑
没有结束的结语

不能满足于怀疑、否定各种说法，还要找出更合理的解释，争取用一个句号取代许多问号。

慌乱中的埋藏

有人在紧急而慌乱中，把珍宝装在银罐中，为了携带时不至于洒落，不惜砸击器盖使之变形并扣合得更紧密。最初未必是要埋藏，而是要携带，是有计划、有准备的装载宝物。

面对一个难以捕捉的史实，为了使讨论不至于迷失方向，应该从考古现象开始观察。考古学中的所谓窖藏遗迹，与建筑、墓葬等不同，在很多情况下，窖藏是因突发事件有意识地埋藏的。何家村遗宝是不是这样呢？

遗宝的所有器物都放在两个陶瓮和一个银罐中，挖坑埋藏。基

两瓮一罐（2003摄）

建工地偶然发现后，考古人员对周围进行了调查、勘探，结果表明两瓮一罐距现代地表不到一米深，周围没有修饰，即没有与其他现象共存，是一个单独遗迹，显然是专门埋藏的。

还有更清楚的迹象，表明埋藏是仓促的行为。银罐稍大，器高26.1、口径16.9、腹径60厘米，造型很普通，有盖，带提梁，没有纹样。它充当了盛装其他宝物的容器。银罐上有奇特的痕迹：口沿有一处内凹变形，器盖上有三个凹陷。变形和凹陷都不是使用损坏的痕迹，而是人为地用利器砸击形成的。这些遗痕很重要，暗示出银罐是临时被选用盛装其他珍宝的，装满后盖上盖子，然后故意在口部用利器砸击，使之内凹变形，从而使器盖与罐身紧密扣合在一起，加强打开难度。这一迹象又给人们这样的提示：因突发事件来临，有人在紧急而慌乱中，把珍宝装在银罐中，为了携带时不至于洒落，不惜砸击器盖使之变形并扣合得更紧密。如此看来，最初未必是要埋藏，而是要携带，是有计划、有准备地装载宝物出行。这一十分特别的方式，令人相信它是突发事件时的临时举措。

遗宝来自何处

它们数量众多、质量精美，它们种类丰富，它们曾有严格的管理，它们只能是国家财产。

谁能将这些不同时代、不同来源、具有不同信仰的器物，以及大量没有使用价值却有财宝性质的物品集中到一起呢？种种迹象表明，这批遗宝不是个人所能拥有，而从整体的情境和内容上，遗宝将人们的视线引向了中央官府的仓库。

鎏金折枝花纹银盖碗的圈足内沿錾刻“进”字，器物上刻有

“进”字，就是一个提醒。唐代地方专门进贡皇室的物品，往往要刻写“进”字。一些带刻铭文字的银饼，涉及年号、地区、赋税的种类等等，十分明确地说明，它们属于官府收缴上来的庸调银。还有墨书户部所管辖的“东市库”的银饼。

另外，何家村遗宝共出土带墨书文字的器物69件，墨书文字记录着物品的名称、重量、数量，书写仔细认真，字体不一，这需要许多人花费一定时间完成，不会是仓促埋藏前临时书写的。文字的很多内容是称重数量，更像是早些时候入库登记的记录。有的将器皿内盛放的物品全部清楚地记录下来，如莲瓣纹提梁银壶，墨书：

> 珊瑚三段、琉璃盃椀各一、马脑盃三、玉盃一、玉辟環四、颇黎等十六□。

表明对这些器物的管理相当严格，墨书文字后，再没有使用过。钱币也似乎是有目的拣选出来的，大量没有使用痕迹的金、银开元通宝钱，像是刚刚铸造出来的。说到这里，这批遗宝的来源不再朦胧，它们种类丰富，曾有严格的管理，它们数量众多、质量精美，它们只能是国家财产，才能集中在一起，即它们来自中央官府仓库。

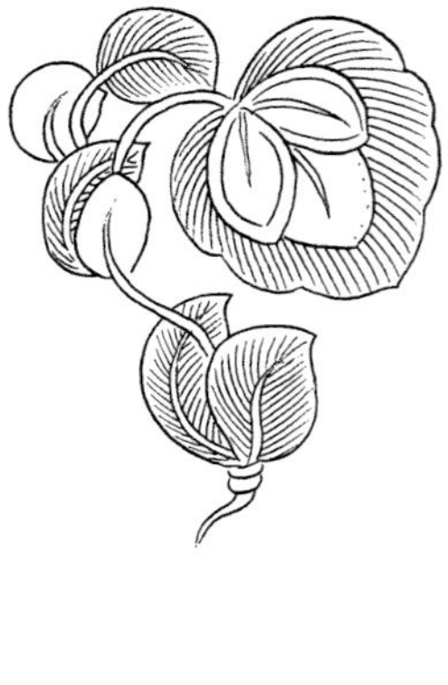

为什么如此仓促地被掩埋?

应该突然发生了惊心动魄的事件。

是什么原因造成这样仓促地掩埋呢?首先应该肯定,如此珍贵的物品的埋藏,不会是局部、短暂的事件,或是个人遇到灾难引发的,应该是突然发生了惊心动魄的事件。最初人们判定是安史之乱,这场唐史上的灾难,导致皇帝率众逃离长安。兵祸纷乱中埋藏珍宝,从逻辑上看顺理成章。但是,由于有的金银器装饰有阔叶大花,而这种纹样是安史之乱后才开始流行的,也就是说,安史之乱后制作的器物,怎么可能在安史之乱时就埋入地下?

如果不是安史之乱发生时埋藏的,那么联想到继安史之乱后唐代历史上又一次极为严重的叛乱——泾原兵变,也就顺理成章了。这场兵变发生在唐建中四年(公元783年)十月至兴元元年(公元784年)六月,事情的起因是叛唐将领李希烈围攻河南襄城。为解襄城之围,唐德宗诏令泾原(今甘肃泾原)等各道兵马援救襄城。五千大军日夜兼程,途经长安时,天气渐寒,又累又饿,军队却没有得到朝廷银饷。愤怒的官兵发动了兵变,并直取长安,迫使皇帝逃离。乱兵迎朱泚为帅,占据了唐都长安大明宫中举行大典的含元殿,不仅造成了宫内官府财物的严重损失,还剽掠京城,居民坊内也遭到劫掠。面对突如其来的兵变,人们埋藏珍宝外逃是自然而然的选择。何家村遗宝中年代最晚的器物,恰恰与泾原兵变的时间略同,难道就是因为这场战乱而被埋藏地下?

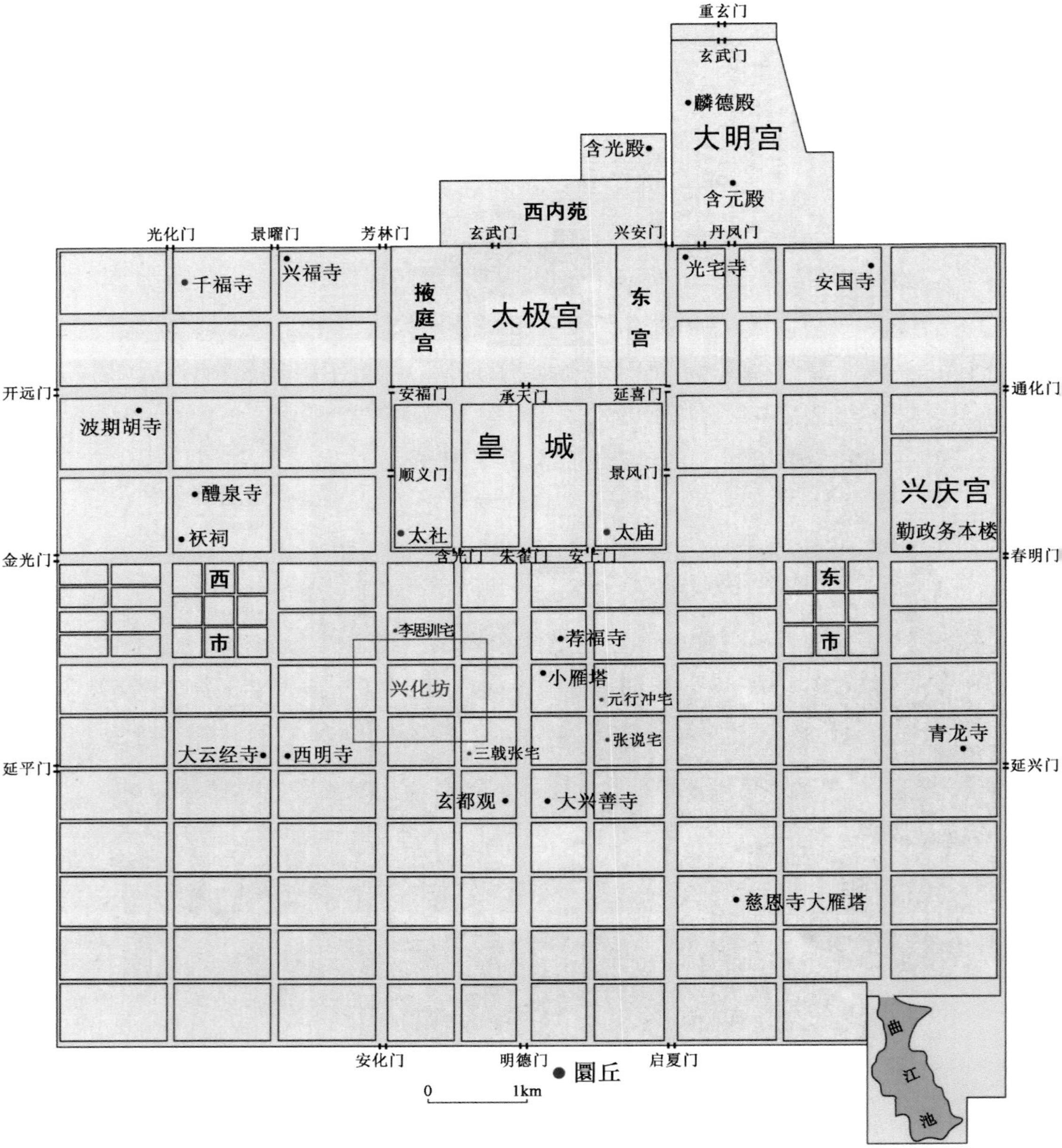
重玄门
玄武门
麟德殿
大明宫
含光殿
含元殿
西内苑
光化门
景曜门
芳林门
玄武门
兴安门
丹凤门
千福寺
兴福寺
掖庭宫
太极宫
东宫
光宅寺
安国寺
开远门
安福门
承天门
延喜门
通化门
波期胡寺
皇城
顺义门
景风门
醴泉寺
兴庆宫
祆祠
太社
太庙
勤政务本楼
金光门
含光门
朱雀门
安上门
春明门
西市
东市
李思训宅
荐福寺
兴化坊
小雁塔
元行冲宅
张说宅
青龙寺
大云经寺
西明寺
三戟张宅
延平门
延兴门
玄都观
大兴善寺
慈恩寺大雁塔
曲江池
安化门
明德门
启夏门
圜丘
0
1km

唐长安城复原示意图

谁有能力埋藏?

在那个时间，在那个地方，又有可能接触国家财产的，只有租庸使刘震。

如果将何家村遗宝的埋藏时间定格在泾原兵变时，来源推定为中央官府仓库，那么接下来的问题是：中央官府仓库的财宝，为什么会埋在长安城中普通的居民坊内呢?

经过长期的发掘和研究，唐代长安城的布局已经比较清楚，城内除了宫城、皇城和两个市场，其他部分主要是居民居住的坊，坊

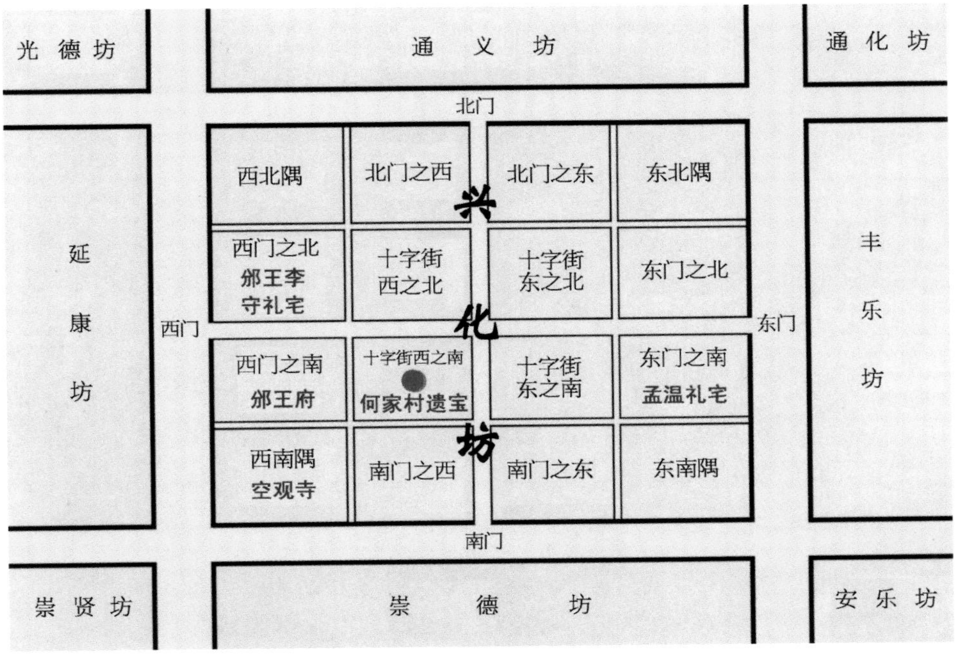

兴化坊复原示意图

内布局如下：坊的四周有坊墙，四面正中设门，坊内设十字街为主要街道，沟通四个坊门，由此划分出四个区域，内再设小十字街，划分成十六个区块。唐代对长安城坊内格局中的十六个区块有特有的表述方法，如坊的北面四个小区块，由西向东分别称“西北隅”、“北门之西”、“北门之东”、“东北隅”。

长安城的兴化坊位于皇城附近、含光门大街西侧。当年配合何家村遗宝的发现，考古队对兴化坊进行了钻探，基本上探清了兴化坊的范围。唐代一个坊的面积很大，通常居住三五百家。兴化坊内曾经居住过很多达官贵族，有名有姓的在《唐两京城坊考》中可以找到。对这个坊内居住的人进行排查，或许可以找到谁有可能埋藏珍宝。

据唐代韦述《两京新记》和清代徐松《唐两京城坊考》，兴化坊中居住的人物位置清楚的有：

> 西南隅，空观寺，一曰隋开皇七年驸马都尉元孝矩舍宅所立。
>
> 寺东，尚书右仆射、密国公封德彝宅。中宗时嗣虢王邕居之。
>
> 西门之北，邠王守礼宅。宅南隔街有邠王府。
>
> 东门之南，京兆尹孟温礼宅。

还有不知具体地点的租庸使刘震宅、晋国公裴度池亭、都官郎中窦□宅、长安主簿李少安宅、职方郎中萧彻宅。

可以按何家村遗宝的埋藏时间（将安史之乱和泾源兵变的两种说法都作为参考），采用排除法，来考察他们之中，谁埋藏的可能性更大。

邠王李守礼宅在兴化坊中部偏西南部位，而何家村遗宝出土在邠王府的东部。李守礼生活的年代及个人情况也与遗宝的情况不符，在前面的讨论中已经否定了。元孝矩、封德彝、嗣虢王邕生活的年代早在唐中宗（公元656～710年）以前，当然可以排除。晋国公裴度虽然是位高权重的贵族，却是在唐宪宗元和（公元806～820

年）以后才逐渐显露，唐德宗贞元时期（公元785～805年）只担任过河阴县尉、河南府功曹之类小官，不可能拥有如此贵重的珍宝。萧彻卒于唐文宗大和八年（公元834年），生活的时代太晚，也可以排除。孟温礼住兴化坊东门之南，位置不合。剩下的还有都官郎中窦□宅和长安主簿李少安宅，两人虽为贞元、元和左右之人，但官职太小，很难与何家村异常珍贵的遗宝相联系。上述曾居住在兴化坊的人，都应该与何家村遗宝无关。

最后凸显出来的是刘震。刘震在兴化坊中的住宅位置不清，但根据对唐人兴化坊记录的前后文意和叙述方式的分析，刘震宅列在“东门之南，京兆尹孟温礼宅”之后，应该在孟温礼宅的西面，邠王府的东面，这就与何家村遗宝的地点基本吻合。

利用排除法的最后结果，目标锁定在了刘震身上。巧合的是，刘震的官职恰为租庸使。租庸使的职责之一是管理官府财物。租庸调是唐代的赋税制度，从地方征收各种物品作为赋税，运抵京城，经检验合格后，送往国库。整个过程中，有权力接触这些财宝的是租庸使。但是，租庸使可以接触、管理国库财物，这些财物却不是个人拥有。如果何家村遗宝与租庸使刘震确有联系，那么租庸使怎么会把官府的物品放在自己家中？

刘震其人

战乱平定后，他与夫人双双被斩，何家村遗宝便长眠地下了。

既然刘震成了破解何家村遗宝之谜的关键人物，那么刘震有哪些所作所为呢？有关刘震的记载出自《无双传》，其中记述，生活在唐德宗时期的租庸使刘震，赶上了公元783年的“泾原兵变”。

《无双传》记述：兵变那天，照例去上朝的刘震，没想到兵变突发。得知音讯后，立即策马赶回家中，并安排家人躲避。他让外甥王仙客押载金银财宝二十驮出逃，并约好稍后自己带着家眷出城汇合。但王仙客一直等到日落，也没看到刘震一家，便赶到南门询问。守门人告诉王仙客，午后见到刘震带着家眷要出此门，守门人不敢放行。这时叛军追来，刘震向北而去。刘震要出的城门是启夏门，位于长安城郭城南部，而刘震家住兴化坊，在北面离皇城较近的地方。当时城内大乱，朱泚等叛军已占据大明宫含元殿称天子，刘震“驱向北去”只能再回到家中了。

租庸使刘震的职责是管理官府财物。是否可以这样推测：突如其来的兵变，连皇帝都逃离了京城，权利失控，官府瘫痪。有条件接触、处置官府财宝的刘震，先回家运走自己家中的财物，然后返回皇宫，无论是趁乱公饱私囊，还是出于保护皇家财产之心，刘震慌乱地挑选了一些仓库中携带轻便而珍贵的珍宝准备逃跑。何家村遗宝中的物品虽极为丰富，却都是体积小、价值高、少而精的珍品，所有物品用两个陶瓮加一个银罐便全部装下。但当时城中大乱，刘震要出城时，城门有守卫，后面有追兵，他只好返回兴化坊自己的家中，紧急情况下，将准备随身携带的珍宝埋藏起来。

刘震是负责管理官府财物的官员，突发战乱时，只有他有机会、有条件携带一些珍宝出逃，这正好可以解释何家村遗宝为什么是国库的财宝，却又与租庸使刘震有关，也能解释在一个居民居住的坊内出现官府物品的奇怪现象。战乱被平定之后，京师收复，“尚书受伪命官，与夫人皆处极刑”。作为大唐重臣的刘震，竟然作了叛乱者的命官，犯下的当属十恶不赦之罪，他与夫人双双被斩，何家村遗宝便长眠地下了。

《无双传》的故事

故事是虚构的，可提到的衣着服饰、街景环境、人物的时代特点，源于现实。

接下来还有一个问题。《无双传》是唐代的传奇小说，内容是王仙客与无双的爱情故事，还带有神异色彩。文学作品多有夸托，甚至编造，小说中提到的事情是否可以作为参考？史料的可靠性是运用史料之前首先必须考虑的。

《无双传》是唐代著名小说，早有人进行研究。明代胡应麟《少室山房笔丛》中认为：

事大奇而不情，盖润饰之过，或乌有无是类。

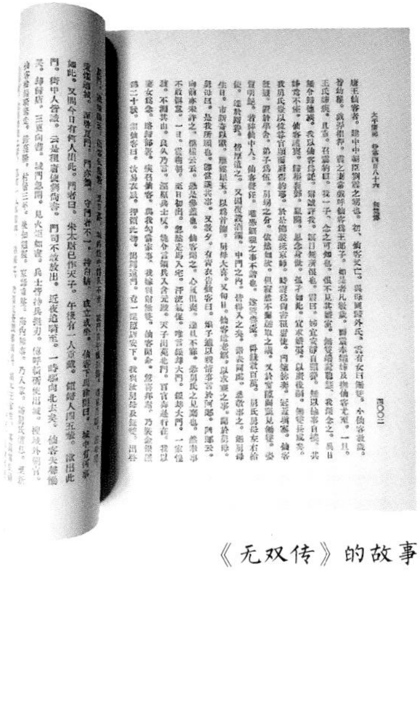

《无双传》的故事

后来古代小说史家鲁迅，在《稗边小缀》中认为：无双实有其人，故事的后半则颇有增饰，稍乖事理矣。唐代曾盛传无双的事迹，内容是无双先有情郎，因故成了薛太保妾，后来薛太保仗义弃色，将无双还给她旧日情郎。到了晚唐，薛调（约公元829～872年）添加了一些传奇，完善了这个故事，成了后世流传的《无双传》。

小说本意不是突出刘震，也没有对他的官职有特别的描述，租庸使这一官职似乎是信手拈来的，但也可能是来自生活中基本素材的真实。用诗文小说证史，早年史家多不取，然而近来从中发掘有用史料的学者越来越多。因为诗文小说的整体虽未必可取，但其中提到的地点、人物、环境等等，不仅可以作为参考，有时还很有价值，特别是涉及社会生活的记录，多为正史不载，十分珍贵。《无双传》是依据当时的事情，层累叠加发挥而成的小说，为了使故事引人入胜，内容一定会有“增饰”描写，但毕竟是唐人的作品，小说必以当时的生活、背景为基础。在找不到其他材料的情况下，何不加以分析利用呢？

《无双传》中的“泾原兵变”是史实，没有争议。“租庸调”是唐前期的制度，无法编造。兴化坊是长安城中的一个真实地点，也不是无中生有。如同今日文学作品一样，故事是虚构的，可提到的衣着服饰、街景环境、人物的时代特点等，脱离不了现实。此外，用《无双传》证明何家村遗宝的来源并不是唯一的依据，考古发现的何家村遗宝反映出的客观现象是：仓促埋藏、是国库的物品、最晚的器物年代在德宗时期，以及埋藏地点在兴化坊，将这些与《无双传》联系起来，当然饶有意味。

破解悬疑

一连串的巧合不应该是偶然现象。

如破案一样，所有蛛丝马迹不能放过，任何一个细节都要加以分析，最后再综合梳理，才会使案件逐步清晰。何家村遗宝是国库说，解决了谁能将不同时期、不同来源、材质纷繁、种类庞杂的器物组合到一起这样一个难题。考古类型学研究表明，器物中最晚的制作年代在德宗时期，这位皇帝在位时发生了泾原兵变。遗宝出土于长安兴化坊，坊内居住了租庸使刘震。于是，官府财物、器物的年代、泾原兵变、遗宝发现点、租庸使刘震，以及刘震在泾原兵变时往来自宅和宫廷、搬运物品的情况，形成一个网络式的密切关联。这些线索又形成了证据链：

刘震宅与何家村遗宝埋藏的地点基本相吻合；
何家村遗宝中有“庸调”银饼，而刘震恰好为“租庸使”；
泾原兵变时刘震又指挥了运出和携带财宝仓皇出逃的事情；
考古学类型研究还表明何家村遗宝中最晚的器物在德宗时期。

这一连串的巧合不应该是偶然现象，如果将何家村遗宝与泾原兵变和兴化坊中的刘震宅相联系，诸多疑问可迎刃而解，得出合乎逻辑的解释。

按照文献记载，泾原兵变后，刘震接受了“伪官”，忐忑不安地活了八个月的时间。动荡不安之中，刘震未必有胆把这些财宝拿出来享用。到唐军收复长安，刘震因做了叛乱者的命官被处极刑，这些珍贵的财宝就一直静静地深埋地下，无人知晓了。直到1200多年后，一次偶然的建筑施工，才让它们重见天日。

没有结束的结语

有时精彩的错误或许比平庸的正确给人带来的启发更大。

解读何家村遗宝，得出了些许清晰的结论。也有的带有逻辑推理，甚至合理想象。即便接近了历史的真实，但又提出了新的问题。这些解读如果有误，希望错误犯得精彩。有时，精彩的错误或许比平庸的正确，给人带来更大的启发。

迄今为止，何家村遗宝仍属于唐代空前绝后的大发现。器物的背后是人的行为，古代文物最终要用来研究社会历史。何家村遗宝凝聚着唐人的钟情，中间既体现了唐人东方式的审美，也蕴含着他们对西方的好奇。无论是造型、纹样还是工艺技术，都展示着唐人的智慧和才华，令人惊叹不已。这些遗宝除了实用功能，还有象征意义，反映了唐人的观念和追求，遗宝由物质领域突显于精神层面，每件文物都是通往盛唐的一扇窗户，每件器物都暗藏着一个“按钮”，按下所有按钮，它们就会“孔雀开屏”似地，展示唐代历史的复杂、优美和离奇。

不必讳言，直到现在，还说不清这批遗宝的深远意义和它们背后隐藏的历史，不断地探索中总有新的收获。从这个意义上说，何家村遗宝的面貌仍然十分朦胧，迷惑比答案更多，它们仍在用美丽和灿烂挑战着人们的智慧，对它们的学术研究“发掘”还将继续。那些未解之谜，像是一个个密码，还有许多等待着人们解开。

寻觅这批文物背后的故事，成了很多学者持之以恒的努力。

插图索引

章节索引